# 毎日タッパー弁当

**MAYA**

はじめに

# お弁当作りのハードルがぐーんと低くなる!

最初に、タッパー弁当のいちばんいいところを言っておきます。
それは「細かく考えなくていい!」ということです!!

もちろん「おかずは何作ろうかな」とは考えるけれど、
作ったあとの詰める作業、これがとーってもラク!!
パーッと作ってササッと詰めて、ハイ完成。
大きなおかずも切らずにドン!
「ふつうお弁当にしないでしょ」と思うようなものもOK。
何をどんなふうに詰めても自由でおいしい。それがタッパー弁当なのです。

もともと私の作るお弁当は見た目地味で、「映え」から遠いものばかりですが、
タッパー弁当にすると、それがより一層強く「少しも映えない」弁当になります。
でも、それがいいんです。
いつも家で食べているものを、気楽に作って気楽に食べる。
お弁当ってそれで十分なんだなって、最近つくづく感じています。
「お弁当作るのがしんどい」「疲れた」って思ったときには、
タッパーでどんどんラクすればいいと思うのです。

じつは、食べる人は容器ってあまり気にしていません(とくに男子)。
自分の好きなものが入っていれば大喜び。
タッパー弁当は軽いし、レンチンできるし、食べる人にとってもメリット満載です。
彩りや栄養も大切だけど、いちばんは作るときも食べるときも
楽しく負担にならずにおいしいこと。
「お弁当ちゃんと作らなきゃ」という呪縛を解いて、気楽にいきましょう!

MAYA

# CONTENTS

**PART 1**

好きなものだけ2、3品！
仕切りはいらない！

# キホンのタッパー弁当

**PART2**

じつはいちばんラクチン！
でもってわが家のイチオシ

# 大人気の麺弁当

**PART 3**

時間がなーい！ 材料もなーい！
そんなときにおすすめ

# 爆速！タッパー弁当

**PART 4**

ドーンとおかずのっけ！
ボリュームバンザイ！

# ご飯が主役！の弁当

**PART 5**

ご飯とおかずをセットにした
コンビニ式！

# とろとろ！ シートのせ弁当

**おまけ**

# MAYA家のおにぎりコレクション ——— 122

- ☑ とくに表記がない限り、野菜の皮、種、わたなどは除いて下処理したものとします。
- ☑ 計量は、小さじ1＝5㎖、大さじ1＝15㎖、1カップ＝200㎖です。
- ☑ 電子レンジは600Wのものを使用しています。700Wの場合は加熱時間を0.9倍、500Wの場合は1.2倍にするなど、お手持ちの機器に合わせて調整してください。
- ☑ お弁当のご飯の量はタッパーや食べる量に合わせて、お好みで調整してください。
- ☑「少々」は親指と人さし指でつまんだ量、「ひとつまみ」は親指、人さし指、中指でつまんだ量、「適量」は料理に見合ったちょうどいい量です。
- ☑ めんつゆは3倍濃縮タイプを使用しています。2倍濃縮の場合はレシピ分量の1.5倍量、4倍濃縮の場合は¾倍量を目安に調整してください。

# 何より気楽! 詰めるハードルが
# タッパー弁当の

噂によれば、男子中高生の7割はタッパー弁当派とか?(MAYA調べ) それも納得できるくらい、タッパー弁当はお弁当箱にないメリットが満載。一度使うと、その便利さのとりこです!

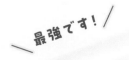

最強です!

### 💡 POINT 1

## 深さや大きさがほどよく詰めやすい!

タッパー容器の魅力はサイズ感。深すぎず、浅すぎず、大きすぎず、小さすぎず、どんなおかずも詰めやすい。デザインにはこだわれないけれど、それ以上に詰めやすさが勝つ!

### 💡 POINT 2

## 容器ごと冷凍や温めもOK

耐冷温度が−18℃以下のタイプなら、詰めてそのまま冷凍保存することも可能。さらに電子レンジ対応タイプなら、学校や職場で温めても。手作りほか弁が食べたい人にはぴったりです。

# グンと下がる！
# ココがいい！

POINT 3

## 汁ものも持っていける！

ふたがしっかりしまり、汁もれしにくいのもいいところ。密閉性が高いタッパー容器は、スープの持ち運びにとても便利。麺弁当や汁かけ弁当など、お弁当の幅がグンと広がります。

POINT 4

## 入れるものに合わせて大きさを選べる

お弁当箱は、おかずをお弁当箱の大きさに合わせて詰めるけれど、いろいろなサイズがあるタッパーは、容器を揃えておけばおかずに合わせて選べる！　詰め方に悩まないし、どんなおかずでも入れやすいんです。

POINT 5

## 仕切り不要だから詰め方も自由自在

仕切りはありませんが、味移りは心配しなくて大丈夫。味が移ってもおいしい組み合わせにすればいいんです。ご飯にのせたり、並べたり、詰め方はお好みで！

POINT 6

## 何より軽い！

お弁当箱より断然軽いタッパー。食べ終わったあとの荷物が軽いので食べる人にも喜ばれるし、容器を洗うのもラクチン。小さなことだけど、地味にお弁当作りのストレスを軽減できます。

# 自分が使いやすい形や大きさを見つけて
# おすすめの密閉容器

## ［ スクエア形 ］

ご飯、麺など
オールマイティに使えます

おかずをのせても並べても詰め
やすい基本の形です。意外とた
くさん入るので、食べ盛りのボ
リューム弁当もOK。おかずを
複数入れる場合は、口が広くて
浅いものを選んで。

650ml
13 × 13 × 6.7cm

630ml
13.8 × 15.1 × 6.8cm

600ml
14 × 14 × 6cm

700ml
15.6 × 15.6 × 5.3cm

# いろいろ!

タッパーは形状も大きさもいろいろ。詰めやすさや食べる量に合わせたり、好きな色にしたり、自由に選んでください。

## [ 長方形 ]

### 一般的な
### お弁当箱に近い形

持ち運びやすさならこれ。スクエア形より幅が狭いのでおかず1〜2種類、または麺、ご飯などの1品弁当にも向いています。たくさん食べるなら深め、軽く食べるなら浅めをチョイス。

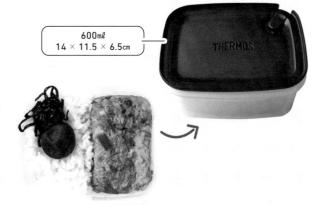

600㎖
14 × 11.5 × 6.5cm

480㎖
11.7 × 15.6 × 5.3cm

## [ ラウンド形・深め ]

### のっけ弁当や
### 麺弁当におすすめ

麺、丼に向きますが、別容器におかずを入れて2個弁当にしても。深さがあるのでご飯がかなり入ります。いっぱい詰めるとかなり満腹になるはず。

600㎖
直径13 × 8.1cm

## [ ラウンド形・浅め ]

**おかず1種や
麺弁当に使いやすい**

スクエア形に次いで使いやすい
浅めのラウンド形。幅が広くて
詰めやすい、洗いやすい、食べ
やすい、と3拍子揃っています。
とくに麺にはぴったり。560㎖
の少し深いタイプは混ぜ麺系に。

560㎖
直径 19.2 × 6.3cm

390㎖
直径 19.2 × 5cm

## 「タッパー」はタッパーウェア社の登録商標です

一般的に密閉容器全般を称して「タッ
パー」と呼ばれがちですが、正確には
「タッパー」「タッパーウェア」はタッパ
ーウェア社の登録商標です。
タッパーウェアは1946年にアメリカ
で考案され、1963年に日本に上陸。
精度の高いシール（ふた）と本体の密
封性を実現した製品は、時代を経た現
在も確かな品質で人気を博しています。

ホームページ　https://www.tupperwarebrands.co.jp

## ［スクリューキャップ］

### ご飯や汁ものもOKの
### オールマイティ選手

ふたがスクリュー式で、高い密閉力がポイント。汁ものも安心して持ち運べるので、ラーメン、そうめん、そばなどもOK。小ぶりで深めのサイズは、軽めのお弁当にもおすすめです。

300ml
11.5 × 11 × 5.5cm

473ml
直径 11.8 × 8cm

## ［ミニサイズ］

### 卵1個がぴったり入る
### サイズ！

あると便利なミニミニ容器。食べるときにのせたい温泉卵やソースを入れるのにちょうどよく、チーズやフルーツ入れにしても。トッピングや別添えの楽しみが広がります。

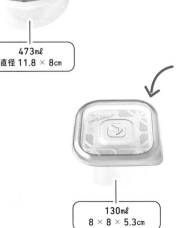

130ml
8 × 8 × 5.3cm

# この本で紹介する

おすすめのタッパー弁当を5つのタイプに分けてみました。

**PART 1**

好きなおかずをのっけて

## キホンの
## タッパー弁当

詰め方にルールはありませんが、仕切らずにおかずを詰めるので、味が混ざってもいいおかずを組み合わせます。

**PART 2**

いちばんラクチン！

## 大人気の
## 麺弁当

さめてもおいしいMAYA家で人気の麺弁当10種。食べるときに別添えのつゆをかけるうどんやそうめんも！

**PART 3**

時間がなーい！

## 爆速！
## タッパー弁当

冷蔵庫を開けて材料を出したらすぐできちゃう！　寝坊した日やがんばる気がしない日もタッパーなら爆速！

# タッパー弁当はこちら

簡単でさめてもおいしく、完食間違いなし！　全制覇する勢いでお試しください。

**PART 4**

味がしみたご飯がうまし

## ご飯が主役！
## の弁当

ご飯におかずをどーんとのせた丼もの
や、炒めご飯、炊き込みご飯など、ご飯
が主役のお弁当。

**PART 5**

食べるときにスーッとスライド

## とろとろ！
## シートのせ弁当

出先でもわが家のカレーや親子丼が食
べたい！　そんなときはご飯の上にクッ
キングシートを敷いておかずをオン！

**おまけ**

どこから食べても具が入ってる！

## MAYA家の
## おにぎりコレクション

わが家のおにぎりは具材多めで、満足
感たっぷり。和風、洋風、エスニック風、
いろいろな味で楽しむヒントをお届け！

# 便利な調理器具

お弁当作りの強力助っ人
## ☑ 仕切りつきフライパン

2つのおかずを同時に作れるの
が便利すぎて激推し！ 朝ごは
んを作るのにもぴったりです。

小さめ＆深めがお弁当向き
## ☑ ミニフライパン

1人分のカレーも麺もいけるし、
軽い揚げもの、目玉焼きもOK。
この大きさ、深さ、万能です。

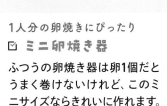

1人分の卵焼きにぴったり
## ☑ ミニ卵焼き器

ふつうの卵焼き器は卵1個だと
うまく巻けないけれど、このミ
ニサイズならきれいに作れます。

卵を溶いたり、調味料を混ぜたり
## ☑ 小さめボウル

少量の調味料を合わせるとき
や、ソース作りなどに大活躍。ア
ルミ素材が軽くてかわいいです。

ミニボウル代わりにもなる
## ☑ 計量カップ

金属製で内側に目盛りが入って
いるタイプの計量カップ。ボウ
ル感覚で使えるのが便利です。

使えば調理スピードが上がり、お弁当作りの腕もどんどん磨かれます。
マイ厳選おすすめグッズ、ぜひ参考に！

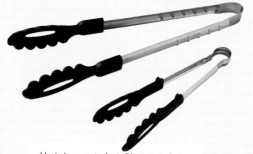

フライパン調理に便利

☑ **シリコンのレードル**

炒める、混ぜるなど調理に使ってそのまま盛りつけられます。フライパンも傷つきません。

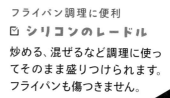

炒めもののときや詰めるときに

☑ **トング**

菜箸より断然トング派。つかみやすさが違います。大は調理用、小は少量調理や盛りつけ用に。

ご飯とおかずを仕切るときに

☑ **クッキングシート**

ご飯にくっつかないようにおかずを詰めたいときは、このシートを使います（PART5参照）。

耐熱、耐冷タイプがおすすめ

☑ **万能ポリ袋**

野菜の下ゆでや肉の漬け込みなど、ボウル代わりに使えて、そのままレンチンや湯せん、冷凍に使えるすぐれもの。

ムダが出ない短い幅がポイント

☑ **ミニミニサイズのラップ**

おにぎりや、余った食材を包むのにぴったりサイズ。お弁当作りのシーンで何かと使えます。

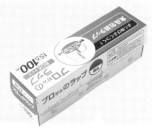

お弁当をよりおいしく！をラクにかなえます

# 常備したい食材&調味料

### ☑ 漬けもの

茶色い弁当に彩りと味を足したいときに。梅干し、塩昆布も常備すると便利。

### ☑ いりごま

白はかわいくしたいときに、黒は白いご飯の彩りに。すりごまなら香りもアップ。

### ☑ かつお節

ご飯が間違いなくおいしくなります。おかずの下に敷けば水分を吸う効果も。

### ☑ ふりかけ

冷えたご飯にはサクサクしたふりかけが合うので、小袋タイプを添えます。

### ☑ フライドオニオン

パラッとふりかけるだけで香ばしいご飯に変身。サラダのトッピングにしても。

### ☑ 韓国のり

ごま油の香りが食欲をそそります。敷いてもよし、ちぎってもよし。

### ☑ 煮豆類

すき間埋め食材に便利なのが昆布豆などの煮豆類。箸休めのおかずにもなります。

一から全部手作りなんて考えません。無理せず、疲れずに作れることが大事だから、便利食材もどんどん活用します。おいしくてラク！がいちばん。

### ☑ ビーフン

味つきならもどす手間も調味料も不要。米粉なのであっさりしたおいしさ。

### ☑ ツナ缶

パスタや卵焼きの具に使いやすいオイル漬けのものを常備しています。

### ☑ なめたけ

卵焼きやあえものに混ぜるほか、炊き込みご飯や麺にも。想像以上に使えます。

### ☑ だししょうゆ

うまみが強く、ちょっと加えるだけでおいしくなります。かきでも昆布でもOK。

### ☑ 焼き肉のたれ

前は手作りしていましたが、量販店のもので十分。味つけが即決まります。

### ☑ オイスターソース

炒めもののほか、カレーの隠し味にも。うまみがすごくて、味にコクが出ます。

### ☑ めんつゆ

甘辛味のおかずに。濃縮タイプは好みに合わせて水で希釈しながら使って。

### ☑ ケバブソース

トルコ料理のケバブの味を簡単に再現。牛肉、鶏肉の味つけにおすすめ。

### ☑ 顆粒牛肉だしの素

煮込んだような味が出る韓国風の牛肉だしの素。安い牛肉もこれで大変身。

### ☑ 顆粒和風だしの素

和のおかずだけでなく、焼きそばやラーメンにも入れるとうまみアップ。

# PART

# 1

# キホンの
# タッパー弁当

最初に紹介するのは、ご飯とおかずのベーシックなタッパー弁当。しょうが焼き、から揚げ、えびチリなど、わが家で大人気のおかずを、タッパーにサクッと詰めてみました。仕切り方のルールはなし。おかずに合わせてちょうどいいサイズのタッパーを選ぶと詰めやすいですよ。

# キホンのタッパー弁当をおいしく仕上げるコツ

今までのお弁当のように彩りはミニトマト、仕切りにサラダ菜、おかずはメインとサブ、のようなルールは気にしないで。好きなおかずとご飯があれば十分です。

POINT!

## 好きなおかずをたっぷり詰めて

すき間埋めや彩りのためにおかずの種類を増やすより、好きなおかずだけたっぷり入っているほうがうれしいもの。作るのが大変なときは、つくだ煮など市販の保存食も上手に活用して。

POINT!

## 漬けものや梅干しをプラス

基本のお弁当は、白いご飯をおいしく食べられることが大事。その点、市販の漬けものや梅干しはご飯に合って手間もかからないのでおすすめです。彩りにもなるので、お弁当全体が引き締まります。

POINT!

## おかず同士の味が移っていいものに

タッパーは仕切りがないので、おかず同士くっつく形で詰めます。だから、味が移っても気にならないように相性のいいシンプルなおかずを選ぶのがポイント。

POINT!

## レタスなどの仕切りは使わない!

味が移ってもOKのタッパー弁当では、彩りや仕切り目的の葉野菜は不要。サラダを持っていきたいときは、別のタッパー容器に詰めて、おかずと2段弁当にしても。夏は傷まないように保冷剤をつけて。

P.26「鶏むね肉の
ねぎ塩焼き弁当」で
説明します

# ＼ 詰め方はカンタン! ／

詰め方は自由ですが、ここではメインおかず+サブお
かず+卵焼きの詰め方例を紹介します。

## 1 ご飯をさます

温かいご飯を詰めて、そのままさ
ます。量が多いときは、浅くて広
いタッパーにすると早くさめます。

## 3 サブおかずを詰める

卵焼きの横にオクラのあえものを
詰めます。下にかつお節を敷くと
水分を吸って傷み防止に。

## 2 卵焼きで仕切る

シンプルな味の卵焼きをおかずゾ
ーンの仕切り役に。左にメイン、右
にサブが入る位置に置きます。

## 4 メインおかずを詰める

メインおかずを残りのスペースに
詰め、おかずゾーンが完成。白い
ご飯には漬けものをのせます。

定番の甘辛味。
ポリ袋に入れて
しっかり下味をつけて

焼きキャベツ

レンジポテトサラダ

やわらか豚しょうが焼き

# やわらか
# 豚しょうが焼き弁当

しょうが焼きは焼く前の粉なし。ポテサラはきゅうりなし、にんじんなし。手間は最小限でも味は保証つき！　焼きキャベツは、肉とご飯の間に詰めると仕切りになります。

## やわらか
## 豚しょうが焼き

〔材料・1人分〕

豚ロースしょうが焼き用肉 ────── **100g**

玉ねぎ (薄切り) ────── **30g** (小¼個分)

| おろししょうが ────── **1かけ分**

A しょうゆ・酒 ────── 各**小さじ1**

| 砂糖 ────── **小さじ½**

しょうゆ ────── **小さじ½**

ごま油 ────── **小さじ1**

〔作り方〕

下味をしっかり！

1 ポリ袋に豚肉、玉ねぎ、Aを入れてもみ込む。

2 フライパンにごま油を熱し、弱めの中火で1を炒める。肉の色が変わったら鍋肌からしょうゆを垂らし、香りを加える。

詰めるときは

ご飯、焼きキャベツ、豚しょうが焼き、ポテトサラダの順に詰める。ご飯の上にカリカリ梅をのせ、黒いりごまをふる。

## 焼きキャベツ

〔材料・1人分〕

キャベツ (ざく切り) ────── **30g** (⅓枚分)

塩・こしょう ────── 各少々

〔作り方〕

フライパンにキャベツを入れて炒め、軽く焦げ目がついたら塩、こしょうをふる。

## レンジポテトサラダ

〔材料・1人分〕

じゃがいも ────── **1個**

ハム (細切り) ────── **1枚分**

コーン ────── **10g**

| マヨネーズ ────── **小さじ2**

A

| 塩・こしょう・砂糖 ────── 各少々

〔作り方〕

1 じゃがいもは皮をむいて4等分し、小さめの耐熱ボウルに入れる。かぶるくらいの水を加えて、ラップをかけずに電子レンジで3分加熱する。竹串を刺してかたいようなら、やわらかくなるまで10秒ずつ追加で加熱する。

2 1の湯を捨ててフォークなどでつぶし、ハム、コーン、Aを加えてあえる。

 ダンドリmemo ※ 最初に使う野菜をすべて切ります。

☑ やわらか豚しょうが焼き

☑ 焼きキャベツ

☑ レンジポテトサラダ

**1** じゃがいもをレンチン

**2** 豚肉と玉ねぎに下味をつける

**3** ハムを切ってポテサラを作る

**4** フライパンでキャベツを焼く

**5** 同じフライパンで肉を焼く

鶏むね肉は片栗粉をまぶして
しっとり仕上げに！

鶏むね肉のねぎ塩焼き

シンプルな卵焼き

オクラのだししょうゆあえ

# 鶏むね肉の
# ねぎ塩焼き弁当

ご飯がすすむ鶏の塩焼きがメイン。お弁当に欠かせない卵焼きは、ちょっと甘めにして
隠し味にマヨネーズを混ぜるのがコツ。油脂と酢の力でさめてもかたくなりません。

# 鶏むね肉のねぎ塩焼き

〔 材料・1人分 〕

鶏むね肉 ……………………… 100g（小½枚）
長ねぎ（斜め切り）……………… 30g（⅓本分）
玉ねぎ（薄切り）………………… 30g（¼個分）
鶏ガラスープの素 ……………… 小さじ1
砂糖・塩 ……………………… 各小さじ⅓
片栗粉・粗びき黒こしょう ……… 各少々
ごま油 ………………………… 小さじ1

〔 作り方 〕

1 鶏肉は繊維を断つようにそぎ切りにする。ポリ袋に入れ、鶏ガラスープの素、砂糖、ごま油小さじ½を加えてもみ込む。5分ほどおいて片栗粉を薄くまぶす。

2 フライパンにごま油小さじ½を熱し、玉ねぎ、1を炒める。肉に火が通ったら長ねぎを加えてさっと炒め合わせ、塩、粗びき黒こしょうで味をととのえる。

✎ 詰めるときは

ご飯、卵焼き、オクラ（下にかつお節を敷く）、ねぎ塩焼きの順に詰める（P.23参照）。ご飯の上にきゅうりの漬けものをのせる。

# オクラのだししょうゆあえ

〔 材料・1人分 〕

オクラ ………………………………… 2本
だししょうゆ ………………… 小さじ½

〔 作り方 〕

1 オクラはがくをむき、包丁の先で切り込みを数か所入れ、塩適量（分量外）をふって板ずりする。

2 1をラップで包み、電子レンジで1分30秒ほど加熱し、さっと冷水に取る。食べやすい大きさに切り、だししょうゆであえる。

# シンプルな卵焼き

〔 材料・1人分 〕

卵 …………………………………… 1個
　┌ 砂糖 ………………………… ふたつまみ
A 塩 …………………………… ひとつまみ
　└ マヨネーズ ……………………… 少々
ごま油 ………………………… 小さじ1

〔 作り方 〕

1 ボウルに卵を溶きほぐし、Aを混ぜる。

2 ミニ卵焼き器（P.16参照）にごま油小さじ½を熱し、1の½量を流し入れる。半熟になったら巻いて奥に寄せ、ごま油小さじ½を足して残りの卵液を流し入れる。奥から手前に折りたたむ。

 ダンドリmemo　※ 最初に使う野菜をすべて切ります。

☑ 鶏むね肉のねぎ塩焼き　　❶ 肉を切って下味をつける　　❹ フライパンで肉を焼く

☑ オクラのだししょうゆあえ　　❷ オクラをレンチン　　❸ あえる

☑ シンプルな卵焼き　　❺ 卵焼きを作る

さめてもカリカリの
秘訣は
米粉のころもにアリ!

簡単味玉

キャベツとわかめの中華あえ

わらじ米粉から揚げ

# わらじ米粉 から揚げ弁当

スクエア形のタッパーなら、わらじサイズのから揚げもラク～に詰められます。揚げるときは肉に米粉をまとわせたら、キュッとにぎって5分ほどおくとカリッサクッですよ。

# わらじ米粉から揚げ

〔材料・1人分〕

| | |
|---|---|
| 鶏もも肉 | 100g (小½枚) |

A
| | |
|---|---|
| おろししょうが | 小さじ½ |
| おろしにんにく | 小さじ½ |
| しょうゆ・マヨネーズ | 各小さじ1 |
| 酒 | 小さじ½ |
| こしょう | 少々 |
| 砂糖 | ひとつまみ |

B
| | |
|---|---|
| 片栗粉 | 大さじ1 |
| 米粉 | 大さじ2 |

| | |
|---|---|
| 揚げ油 | 適量 |

〔作り方〕

**1** ポリ袋に鶏肉、Aを入れてもみ込む。

**2** 1の汁けをきり、合わせたBをまぶしてころもをしっかりとつける。

しっかりまぶして!

**3** 鍋に揚げ油を入れて170℃に熱し、2を3分30秒揚げる。強火にし、鍋を少し傾けて鶏肉を空気に触れさせながら30秒ほど揚げる。

📝 詰めるときは

ご飯の上にから揚げをのせ、空いたところに中華あえ、味玉½個分、大根の梅酢漬けをのせる。

# キャベツとわかめの中華あえ

〔材料・1人分〕

| | |
|---|---|
| キャベツ (小さめのざく切り) | 50g (½枚分) |
| 乾燥わかめ (水でもどす) | 2g |

A
| | |
|---|---|
| 鶏ガラスープの素 | 小さじ½ |
| しょうゆ | 小さじ½ |
| ごま油 | 小さじ1 |
| 白いりごま | 少々 |

〔作り方〕

**1** 耐熱皿にキャベツを入れ、ラップをかけて電子レンジで1分加熱する。

**2** ボウルに1、わかめ、Aを入れてあえる。

# 簡単味玉

〔材料・1人分〕

| | |
|---|---|
| 卵 (冷蔵庫から出したての冷えたもの) | 1個 |

A
| | |
|---|---|
| めんつゆ (3倍濃縮) | 大さじ2 |
| オイスターソース | 小さじ4 |
| 水 | ¼カップ |

〔作り方 (前日に作る)〕

卵は沸騰した湯で9分ゆでる。冷水に取って殻をむき、ポリ袋にAとともに入れる。6時間以上漬ける。

---

📋 ダンドリmemo　※最初に使う野菜をすべて切ります。

☑ わらじ米粉から揚げ　**1** 肉に下味をつける　**3** ころもをつける　**4** 揚げる

☑ キャベツとわかめの中華あえ　**2** キャベツをレンチンしてわかめをもどす　**5** あえる

☑ 簡単味玉　(前日に作っておく。冷蔵室で2日間保存可)

きのこのどでか肉巻き

野菜のみそ炒め

# きのこの
# どでか肉巻き弁当

2つのおかずが入っていると思いきや、じつはメインもサブも同じ味。だから味移りの
心配なし！ 肉巻きは肉1枚でくるっと巻くだけ。切らずにそのまま詰められてラクチン。

# きのこのどでか肉巻き＆野菜のみそ炒め

［材料・1人分］

| | |
|---|---|
| 豚ロース薄切り肉 | 100g（3枚） |
| えのきだけ（根元を切る） | 60g（大½袋分） |
| 玉ねぎ（乱切り） | 30g（小¼個分） |
| なす（乱切りにして水にさらす） | 1本分 |
| ピーマン（乱切り） | 1個分 |
| 塩・こしょう | 各少々 |
| 片栗粉 | 適量 |
| ┌ みそ・砂糖 | 各小さじ1 |
| A ｜ しょうゆ | 小さじ2 |
| └ ラー油 | 適量 |
| ごま油 | 小さじ3 |

［作り方］

くるくる巻くだけ～

**1** 豚肉1枚を広げて塩、こしょうをふり、えのきだけ⅓量をのせて端から巻く。巻き終わりに片栗粉をふってくっつける。残りも同様にして作る。

**2** フライパンにごま油小さじ1を熱し、1の巻き終わりを下にして焼く。焼き固まったら転がしながら全体を焼き、フライパンの端に寄せる。

**3** ごま油小さじ2を足し、玉ねぎ、なす、ピーマンを炒める。全体に火が通ったら混ぜ合わせたAを加え、肉巻きとともにからめる。

七味をふってちょっとピリ辛に

✎ 詰めるときは

ご飯、肉巻き、みそ炒めの順に詰めて、肉巻きに七味唐辛子をふる。ご飯に刻んだカリカリ梅、昆布つくだ煮をのせる。

**📋 ダンドリmemo** ※ 最初に使う野菜をすべて切ります。

☑ きのこのどでか肉巻き ❶ えのきを肉で巻く → ❷ フライパンで焼く

☑ 野菜のみそ炒め ❸ 時間差で野菜を炒める

市販のソースを
上手に活用。
間違いないうまさ！

ケバブチキン

ふかしいも

ブロッコリーの卵炒め

# ケバブチキン弁当

肉にも魚にも使えるスパイシーなケバブソースは超便利。味が一発で決まって、忙しい
朝に重宝します！　ご飯はフライドオニオンをパラパラふって香ばしさをプラス。

# ケバブチキン

〔 材料・1人分 〕

| | |
|---|---|
| 鶏むね肉 | 100g (小½枚) |
| ┌ 塩・こしょう | 各少々 |
| A 砂糖 | ひとつまみ |
| └ 酒 | 小さじ1 |
| ケバブソース (P.19参照) | 適量 |
| サラダ油 | 小さじ1 |

〔 作り方 〕

1. ポリ袋に鶏肉、Aを入れてもみ込む。

2. フライパンにサラダ油を中火で熱し、1を皮目から入れ、両面をじっくり焼く。火が通ったらケバブソースを加えてからめ、食べやすい大きさに切る。

# ふかしいも

〔 材料・1人分 〕

| | |
|---|---|
| じゃがいも | 小1個 |
| 塩 | ひとつまみ |
| こしょう・粗びき黒こしょう | 各少々 |
| バター | 5g |

 詰めるときは

ご飯、ケバブチキン、卵炒め、ふかしいもの順に詰める。ご飯の上にフライドオニオンを散らす。

# ブロッコリーの卵炒め

〔 材料・1人分 〕

| | |
|---|---|
| ブロッコリー (小さく切る) | 2房 |
| 卵 | 1個 |
| 塩 | 少々 |
| ┌ 鶏ガラスープの素 | 小さじ½ |
| A └ 水 | 大さじ1 |
| ごま油 | 小さじ1 |

〔 作り方 〕

1. ボウルに卵を割りほぐし、塩を加えて混ぜる。

2. フライパンを中火で熱し、ブロッコリー、Aを入れる。ふたをして蒸し焼きにし、水分がとんだらふたを取り、ごま油を加えてさっと炒める。1を流し入れ、さっと炒め合わせる。

〔 作り方 〕

1. じゃがいもは皮をむいて4等分し、小さめの耐熱ボウルに入れる。かぶるくらいの水を加えて、ラップをかけて電子レンジで3分加熱する。竹串を刺してかたいようなら、やわらかくなるまで10秒ずつ追加で加熱する。

2. 1の湯を捨ててフォークなどで軽くつぶし、バター、塩、こしょうで味をととのえる。粗びき黒こしょうをふる。

**ダンドリmemo** ※ 最初に使う野菜をすべて切ります。

☑ ケバブチキン

☑ ブロッコリーの卵炒め

☑ ふかしいも

① 肉に下味をつける

② じゃがいもをレンチン

③ 卵液を作る

④ ブロッコリーと卵をフライパンで炒める

⑤ 同じフライパンで肉を焼く

⑥ つぶして味つけ

ほうれん草のごまあえ

半月卵焼き

大きな青じそつくね

# 大きな
# 青じそつくね弁当

ハンバーグのように大きなつくねも、タッパーなら切らずにそのまま詰められるのがいいところ。半月卵焼きは、断面を上にすると彩りのアクセントになりますよ。

# 大きな青じそつくね

〔材料・1人分〕

豚ひき肉 ·································· 100g

┌ 長ねぎ（みじん切り）··········· 30g（1/3本分）
│ めんつゆ（3倍濃縮）··············· 小さじ1
A 塩 ································································· 少々
│ 片栗粉 ································· 小さじ1
└ みそ ··································· 小さじ1/2

青じそ ········································· 2枚

ごま油 ·········································· 小さじ1

〔作り方〕

1 ポリ袋にひき肉、Aを入れてもみ込む。平たい丸に成形して両面に青じそを貼りつける。

2 フライパンにごま油を熱して1を焼く。片面3分焼いたら上下を返して5分ほど焼く。

📝 詰めるときは
ご飯、卵焼き、ごまあえを詰めてから、青じそつくねをのせる。ご飯の上にしば漬けをのせ、黒いりごまをふる。

# 半月卵焼き

〔材料・1人分〕

卵 ·············································· 1個

だししょうゆ ······················· 小さじ1

サラダ油 ···························· 小さじ1

〔作り方〕

フライパンにサラダ油を熱し、卵を割り落とし、黄身を軽くつぶす。焼き固まってきたら二つ折りにし、火が通ったらだししょうゆを加えてからめる。

# ほうれん草のごまあえ

〔材料・1人分〕

冷凍ほうれん草 ····················· 50g

┌ 白いりごま ······················ 小さじ1/4
A マヨネーズ ························ 小さじ1
└ だししょうゆ ······················ 小さじ1/2

〔作り方〕

1 ほうれん草はラップに包み、電子レンジで1分加熱する。冷水にさらして水けを絞り、食べやすい長さに切る。

2 ボウルにAを入れて混ぜ（白いりごまは指でつぶすように入れると香りが出る）、1を加えてあえる。

📖 ダンドリmemo

☑ 大きな青じそつくね

☑ 半月卵焼き

☑ ほうれん草のごまあえ

❶ 長ねぎを切り肉だねを混ぜる

❷ ほうれん草をレンチン

❸ ごまあえを作る

❹ フライパンでつくねを焼く

❺ 別のフライパンで卵を焼く

鮭のバターしょうゆ焼き

ちくわの3種焼き

のりご飯

# バターしょうゆ
# 鮭のり弁当

のりの下にはおかかをたっぷり。上には焼き鮭をドン。鮭弁当につきもののちくわのお
かずは、味違いのころもを順にまぶすのがポイント。3種の味が楽しめます。

# 鮭のバターしょうゆ焼き

〔材料・1人分〕

| | |
|---|---|
| 甘塩鮭 | 1切れ |
| 酒 | 少々 |
| A ┬ しょうゆ・酒・みりん | 各小さじ2 |
| └ 砂糖・バター | 各小さじ1 |
| サラダ油 | 小さじ1 |

〔作り方〕

1 鮭は酒をふって少しおく。

2 フライパンにサラダ油を熱し、1を皮目から入れて両面をじっくりと焼く。火が通ったら鍋肌からAを加えて中火にし、からめる。

✎ 詰めるときは

のりご飯の上に鮭のバターしょうゆ焼きをのせ、鮭の片側にちくわの3種焼き、もう片側に市販の五目煮豆としば漬けをのせる。

# ちくわの3種焼き

〔材料・1人分〕

| | |
|---|---|
| ちくわ（斜め半分に切る） | 小3本分 |
| 小麦粉（同量の水で溶く） | 大さじ2 |
| 青のり・カレー粉 | 各少々 |
| 紅しょうが（みじん切り） | 適量 |
| サラダ油 | 大さじ2 |

〔作り方〕

1 ちくわは2本分（4切れ）を水溶き小麦粉につける。

2 フライパンにサラダ油を熱し、1を揚げ焼きにする。ペーパータオルなどにのせて油をきり、1本分（各2切れ）ずつ青のり、カレー粉をふる。

3 残りの水溶き小麦粉に紅しょうがを加えて混ぜ、残りのちくわにからめて揚げ焼きにする。

# のりご飯

〔材料・1人分と作り方〕

タッパーにご飯½量、焼きのり全形¼枚、かつお節適量を順に入れ、残りのご飯をのせて焼きのり¼枚をのせる。

📋 ダンドリmemo

☑ 鮭のバターしょうゆ焼き　❶ 鮭に酒をふる ‥‥➡ ❷ フライパンで鮭を焼く

☑ ちくわの3種焼き　❸ ちくわを切ってころもをつける ‥‥➡ ❹ 揚げ焼きにする

ほぐし焼きさば

小松菜のおかかあえ

あぶり明太子と昆布のご飯

# ほぐし焼きさばと 明太子の重ね弁当

おかかをあえた小松菜にほぐし焼きさば、アクセントに紅しょうが。ご飯の間には明太子をはさんで、深めのタッパーで2段仕立てにしました。シンプルながら絶品です！

## ほぐし焼きさば
## &あぶり明太子

〔材料・1人分〕

塩さば（骨なし・半身）················· **1枚**

明太子 ································· **50g**

〔作り方〕

塩さばはグリルで8分ほど焼く。6分たったら、明太子も入れていっしょに焼く。取り出してさばを粗くほぐす。

## 小松菜のおかかあえ

〔材料・1人分〕

小松菜 ···················· **50g**（1株分）

A ┌ かつお節 ······················· **少々**
　└ だししょうゆ ················ **小さじ½**

〔作り方〕

**1** 小松菜はラップに包んで電子レンジで1分加熱する。冷水に取り、水けを絞って細かく刻む。

**2** ボウルに**1**、Aを入れてあえる。

## あぶり明太子と昆布のご飯

〔作り方〕

タッパーにご飯½量、ほぐしたあぶり明太子（上記参照）、昆布つくだ煮少々を順に入れる。残りのご飯をのせる（ご飯は押しつけずにふんわり詰める）。

明太子と昆布を
ご飯でサンド！

📝 詰めるときは

明太子と昆布のご飯の上に、ほぐし焼きさばと小松菜のおかかあえを広げのせ、紅しょうがを添える。

📘 **ダンドリmemo**

☑ ほぐし焼きさば&あぶり明太子

☑ 小松菜のおかかあえ

**❶** グリルでさばを焼き、時間差で明太子も焼く

**❷** 小松菜をレンチン  ····> **❸** おかかをあえる

ねぎ味玉

辛子ぶりカツ

和風コールスロー

# 辛子ぶりカツ弁当

揚げものが手間と思うかもしれないけれど、ぶりの切り身なら包丁いらず。カツに向いていて勝負弁当にもおすすめです。味玉も前日に作っておけるのでとってもラク。

# 辛子ぶりカツ

〔材料・1人分〕

| | |
|---|---|
| ぶり | 1切れ |
| 塩・こしょう | 各少々 |
| 卵 | 1個 |
| サラダ油 | 小さじ½ |
| 小麦粉・パン粉 | 各適量 |
| A ┌ 練り辛子 | 小さじ½ |
| └ 中濃ソース | 大さじ1 |
| 揚げ油 | 適量 |

〔作り方〕

1 ぶりは塩をふって少しおき、水けをしっかり拭く。卵は溶きほぐし、サラダ油を加えて混ぜる。

2 ぶりにこしょうをふり、小麦粉を軽くまぶす。卵液、小麦粉、卵液、パン粉の順にころもをしっかりとつける。

3 鍋に揚げ油を170℃に熱し、2を3分30秒ほど揚げる。

4 Aを合わせてラップで包み、食べるときにかける(包み方は右で紹介)。

## 和風コールスロー

〔材料(1人分)と作り方〕

キャベツ30g(⅓枚)は食べやすい大きさに切り、にんじん10gは細切りにする。ボウルに入れ、昆布茶小さじ½をもみ込む。

## ねぎ味玉

〔材料(1人分)と作り方(前日に作る)〕

卵(冷蔵庫から出したての冷えたもの)1個は沸騰した湯で9分ゆでて冷水に取り、殻をむく。ポリ袋にみじん切りの長ねぎ5cm分、焼き肉のたれ、水各¼カップ、ラー油小さじ½、ゆで卵を入れて6時間以上漬ける。

ソースの持ち運びはラップで!

ソースはラップで巾着風にして輪ゴムで留めて。食べるときに、ピックを刺して穴を開ければ、かけるのも簡単。

 詰めるときは

ご飯、コールスローの順に詰め、青じそを敷いてぶりカツをのせる。すき間に味玉½個分を詰め、ご飯の上に昆布つくだ煮をのせる。ソースは別添えにする。

---

**ダンドリmemo**

| | | | | |
|---|---|---|---|---|
| ☑ 辛子ぶりカツ | ❶ ぶりに下味、ころもをつける | | ❸ ぶりを揚げる | ❹ ソースを作る |
| ☑ 和風コールスロー | (前日に作ってもよい。冷蔵室で2日間保存可) | ❷ 野菜を切って味つけ | | |
| ☑ ねぎ味玉 | (前日に作っておく。冷蔵室で2日間保存可) | | | |

プリップリのえびと
卵が相性最高！
パクパクいけます

えびチリ

ブロッコリーのごまポンあえ

スクランブルエッグ

# えびチリと
# スクランブルエッグ弁当

えびチリonスクランブルエッグ。ご飯と卵にほどよくしみたチリソースがまたうまい。
えびは片栗粉と塩をもみ込んでくさみを取ると、プリッとおいしく作れますよ。

# えびチリ

〔材料・1人分〕

| | |
|---|---|
| むきえび | 6尾 |
| 片栗粉・塩 | 各適量 |
| ┌ 長ねぎ（みじん切り） | 5cm分 |
| A しょうが（みじん切り） | 1かけ分 |
| └ にんにく（みじん切り） | 1片分 |
| ┌ トマトケチャップ | 大さじ2 |
| B 豆板醤 | 小さじ⅓ |
| └ 砂糖 | ふたつまみ |
| ┌ 鶏ガラスープの素 | 小さじ½ |
| C └ 水 | ½カップ |
| ごま油 | 小さじ1 |

〔作り方〕

片栗粉でプリプリに

1 えびは片栗粉、塩をもみ込み、水洗いして汚れを取る。水けを拭き取り、片栗粉をまぶす。

2 フライパンにごま油を熱し、1を炒める。色が変わったら取り出して弱火にし、Aを加えて炒める。香りが出てきたらBを加えて炒める。Cを加えてひと煮立ちさせたら、えびを戻し入れてとろみがつくまでさっと煮る。

# スクランブルエッグ

〔材料・1人分〕

| | |
|---|---|
| 卵 | 2個 |
| ┌ 砂糖 | ひとつまみ |
| A 塩 | 小さじ½ |
| └ マヨネーズ | 小さじ1 |
| ごま油 | 小さじ½ |

〔作り方〕

ボウルに卵を溶きほぐし、Aを加えて混ぜる。フライパンにごま油を熱し、卵液を流し入れて箸で混ぜながら火を通す。

# ブロッコリーのごまポンあえ

〔材料・1人分〕

| | |
|---|---|
| ブロッコリー | 3房 |
| ┌ ごま油 | 小さじ⅓ |
| A ポン酢しょうゆ（あればだし入り） | 小さじ½ |
| └ 砂糖 | ひとつまみ |

〔作り方〕

1 ブロッコリーはラップに包み、電子レンジで1分30秒加熱する。

2 ボウルに1、Aを入れてあえる。

📝 詰めるときは

ご飯の上にスクランブルエッグ、えびチリの順にのせ、ブロッコリーのごまポンあえを添える。

🗒 ダンドリmemo

☑ えびチリ

☑ スクランブルエッグ

☑ ブロッコリーのごまポンあえ

1 野菜を切り、えびの下処理をする

2 ブロッコリーをレンチン

3 ごまポンあえを作る

4 卵を溶きほぐし、スクランブルエッグを作る

5 同じフライパンでえびチリを作る

じつはいちばんラクチン！
でもって わが家のイチオシ

# PART

# 2

# 大人気の
# 麺弁当

お昼って麺が食べたくなりますよね。わが家も家族のリクエストから麺弁当を始めたのですが、大好評。焼きそば、焼きうどん、パスタはもちろん、そうめんやそば、ラーメンも別容器にスープを詰めて持ち運びOKにしています。タッパーは口が広いので、食べやすいのもうれしい点。作るのも簡単なので、ラクしたいときはこれに限ります。

# 麺弁当をおいしく仕上げるコツ

実験した結果、麺は時間がたってもある一定の程度以上は伸びないようなのですが、おいしく食べるための工夫は必要。ひと手間かけるだけで食感が違いますよ。

## POINT!

### うどんは冷凍が便利!

ほどよいコシがあり、時間がたってもモチッとおいしい冷凍うどんがおすすめ。1食ずつ小分けになっているのでストックにも便利です。ゆでたあとは、水で洗ってペーパータオルで水けを拭いて。

しっかり洗う

## POINT!

### パスタは具材を多めに

食べるときにドサッと持ち上がっちゃうのは避けたいパスタ。具をやや多めにして、麺同士のくっつきを防止します。詰めるときは一気に入れず、ほぐすようにしながら少しずつ入れるとより効果的。

少しずつ具をはさみながら

麺を少量ずつトングでつかみ、ふわっとほぐすようにして詰めると、さめてもくっつきにくくなります。

# ゆで麺は水けを
# しっかり取る

そば、そうめん、うどんなどの、ゆで麺に共通するプロセスは、水けの拭き取り。ゆでたあとざるでしっかり水けをきり、さらにペーパータオルで水分を押さえます。こうすると伸びた感じになりません。

ペーパータオルで包んで

# つゆは別容器に
# 入れて食べる
# ときにかける

タッパーは密閉性もバツグン。スープを入れてもこぼれないので、汁系の麺弁当もいけます。別添えのつゆ用には小さな保冷ポットもおすすめ。冷やしたり、温めたり、好みの温度で食べられますよ。

しっかり密封する別容器が便利!

# 冷やし麺は
# しっかり保冷して

冷たい麺なのに、食べるときにぬるかったらとても残念。保冷剤はマストでつけましょう。真夏や、持ち運ぶ時間が長いときは、ハードタイプの保冷剤がおすすめ。2個使いするとキンキン!

夏以外も保冷すると安心

巻かないオムそば。
オムレツの形はいびつでも
気にしない！

# ぺたんこ オム焼きそば弁当

焼きそばの具は豚肉とキャベツのみ。揚げ玉を入れるとコクとうまみが増して、屋台風
焼きそばが楽しめます。具と麺を別々に味つけするのがポイント!

〔材料・1人分〕

| | |
|---|---|
| 焼きそば用蒸し麺 | 1袋 |
| キャベツ（ひと口大に切る） | 150g（小2枚分） |
| 豚こま切れ肉 | 50g |
| 塩・こしょう | 各少々 |
| 揚げ玉 | 大さじ1 |
| A 卵 | 1個 |
| マヨネーズ | 小さじ1 |
| 砂糖・塩 | 各少々 |
| B ウスターソース | 大さじ1 |
| しょうゆ | 大さじ½ |
| オイスターソース | 大さじ½ |
| 顆粒和風だしの素 | 少々 |
| サラダ油 | 小さじ1 |
| ごま油 | 小さじ2 |

トッピング

| | |
|---|---|
| 青のり・紅しょうが | 各適量 |

〔作り方〕

**1 麺を温める**

焼きそば麺は袋に少し穴を開け、袋ごと電子レンジで40秒加熱する。Bは合わせる。

**2 オムレツを作る**

フライパンにサラダ油を熱し、混ぜ合わせたAを流し入れる。箸で混ぜ、火が通ってきたらたたんでオムレツの形に整え、取り出す。

**3 具材を炒める**

フライパンにごま油小さじ1を熱し、豚肉、キャベツを炒める。肉の色が変わってきたら塩、こしょう、Bの⅓量を加えて混ぜ、取り出す。

**4 麺を炒めて仕上げる**

ごま油小さじ1を足して1、揚げ玉を炒め、残りのBを加えて調味する。3を戻し入れて炒め合わせる。

✎ 詰めるときは

焼きそばを入れてオムレツをのせる。青のりをふり、紅しょうがを添える。

玉ねぎと長ねぎの
ダブル使いが
おいしさのポイント！

# そぼろねぎ塩焼きそば弁当

定番ソース味もいいけど、たっぷりねぎの塩焼きそばも飽きがこなくておすすめ！　ひき肉はほぐしすぎず、ちょっとかたまりっぽさを残すと食べやすいですよ。

〔 材料・1人分 〕

| | |
|---|---|
| 焼きそば用蒸し麺 | 1袋 |
| 豚ひき肉 | 100g |
| 長ねぎ (斜め薄切り) | 1本分 |
| 玉ねぎ (薄切り) | 30g (小¼個分) |
| 酒 | 小さじ1 |
| 塩 | 適量 |
| 粗びき黒こしょう | 少々 |
| ┌ 鶏ガラスープの素 | 小さじ1 |
| A こしょう | 少々 |
| └ 砂糖 | ひとつまみ |
| ごま油 | 小さじ2 |

〔 作り方 〕

**1 麺を温める**

焼きそば麺は袋に少し穴を開け、袋ごと電子レンジで1分加熱する。

**2 具材を炒める**

フライパンにごま油を熱し、ひき肉、玉ねぎ、酒を入れて炒める。ひき肉はほぐしすぎずざっくり炒め、肉の色が変わったら塩少々、粗びき黒こしょうをふる。

**3 麺と長ねぎを加える**

1を加えてさっと炒め合わせ、A、塩で味をととのえる。長ねぎを加えて好みに火を通す。

🖊 詰めるときは

でき上がったらそのままタッパーに詰めるだけ！

コクがあって
パクパクいける！

野菜たっぷり。
冷凍うどんは
レンチンでOK

# 焦がししょうゆの焼きうどん弁当

具だくさんにすると、さめたときに麺がくっつきにくくて食べやすいんです。味つけのしょうゆは、鍋肌から垂らすと香ばしさがアップしてさらにウマウマです。

〔材料・1人分〕

| | |
|---|---|
| 冷凍うどん | 1袋 |
| 豚こま切れ肉 | 50g |
| 卵 | 1個 |
| 春菊 (食べやすい大きさに切る) | 50g (¼束分) |
| にんじん (短冊切り) | 20g (小⅙本分) |
| 玉ねぎ (薄切り) | 30g (小¼個分) |
| A 和風顆粒だしの素 | 小さじ1 |
| しょうゆ | 大さじ1と½ |
| みりん | 小さじ½ |
| こしょう | 適量 |
| ごま油 | 小さじ3 |

✐ 詰めるときは

焼きうどんを入れ、目玉焼きをのせる。

〔作り方〕

## 1 うどんを温める

冷凍うどんは袋に少し穴を開け、袋ごと電子レンジで2分加熱する。水にさらして水けをきる。

温めたうどんは水で洗ってしっかりぬめりを取ると、炒めたときにべたつかずサラッと仕上がる。

## 2 目玉焼きを作る

フライパンにごま油小さじ1を熱し、卵を割り入れる。ふたをして1分焼いたら弱火にして2分焼き、取り出す。

## 3 具材とうどんを炒める

同じフライパンにごま油小さじ2を足し、豚肉、野菜を炒める。肉の色が変わったらこしょうをふり、1を加えて炒め合わせる。Aを加えて（しょうゆは鍋肌から）ざっと炒め、仕上げにこしょう少々をふる。

マヨネーズをかけて
サラダ感覚で
いただきます

# やわらか豚しゃぶ冷やしうどん弁当

暑い日や、カロリーが気になるときに。別容器でレタスを持参して「追いレタス」をしても
いいですよ。うどんは冷水でぬめりを取ると、食べるときにほぐしやすくなります。

〔材料・1人分〕

| | |
|---|---|
| 冷凍うどん | 1袋 |
| 豚しゃぶしゃぶ用肉 | 100g |
| 卵 (冷蔵庫から出したての冷えたもの) | 1個 |
| 片栗粉・酒・塩 | 各少々 |

トッピング・つゆ

| | |
|---|---|
| レタス (食べやすい大きさにちぎる) | 30g (1枚分) |
| コーン | 大さじ1 |
| めんつゆ (3倍濃縮) | ¼カップ |
| マヨネーズ | 適量 |

〔作り方〕

## 1 うどんを温める
冷凍うどんは袋に少し穴を開け、袋ごと電子レンジで2分加熱し、冷水に取ってペーパータオルで水けを取る。

## 2 ゆで卵を作る
卵は沸騰した湯で9分ゆでて冷水に取り、殻をむいてくし形に切る。

## 3 肉をゆでる
豚肉は薄く片栗粉をまぶす。鍋に湯を沸かし、沸騰したら酒、塩を入れて火を止める。豚肉をさっとゆでて取り出し、さます。

めんつゆ＋マヨは、間違いないおいしさ

📝 詰めるときは

うどんを入れてレタス、コーン、ゆで豚、ゆで卵½個分をのせる。めんつゆを3倍量の水で薄めて別容器に入れ、食べるときにかける。マヨネーズを絞る。

055

台湾まぜそば風の味わい。
混ぜ混ぜして
どうぞ〜

# 辛そぼろ そうめん弁当

ピリ辛のそぼろとシャキシャキ野菜を、そうめんにからめる混ぜ麺弁当。そうめんはくっつきやすいので、ゆでたあとしっかり水けを取ることをお忘れなく！

〔材料・1人分〕

| | |
|---|---|
| そうめん | 1束 |
| 豚ひき肉 | 100g |
| もやし | ½袋 |
| にんじん (せん切り) | 30g (⅕本分) |
| A ┌ めんつゆ (3倍濃縮) | 小さじ1 |
| └ ラー油 | 少々 |
| B ┌ しょうが (みじん切り) | 1かけ分 |
| ├ にんにく (みじん切り) | 1片分 |
| ├ 砂糖 | 小さじ2 |
| └ 酒 | 小さじ1 |
| C ┌ 豆板醤 | 小さじ½ |
| ├ みそ | 大さじ½ |
| └ しょうゆ | 小さじ1 |
| 白練りごま | 大さじ1 |
| ごま油 | 小さじ1 |

トッピング・つゆ

| | |
|---|---|
| 水菜 (食べやすい長さに切る) | 50g (¼束分) |
| めんつゆ (3倍濃縮) | ¼カップ |

〔作り方〕

## 1 野菜の下準備をする
もやしとにんじんは耐熱皿にのせてラップをかけ、電子レンジで1分30秒加熱する。取り出して水けを絞り、粗熱が取れたら順にAであえる。

## 2 辛そぼろを作る
フライパンにごま油を熱し、ひき肉、Bを炒める。肉の色が変わったら、Cを加え、最後に白練りごまを加えて調味する。

## 3 そうめんをゆでる
そうめんは熱湯で表示通りにゆでて冷水に取り、ペーパータオルでしっかりと水けを取る。

### 詰めるときは
そうめんを入れて辛そぼろ、もやし、にんじん、水菜をのせる。めんつゆを3倍量の水で薄めて別容器に入れ、食べるときにかける。

辛そぼろが野菜や麺にからんで、うまい！

ミニトマトを炒めて
フレッシュな酸味を加えます

# 生トマト ナポリタン弁当

生トマトを使った、ぜいたくな大人ナポリタン。タッパーに詰めるときは、面倒でもひと口分ずつ巻いて入れましょう。食べるときにかたまりになるのを防げますよ。

〔材料・1人分〕

| | |
|---|---|
| スパゲティ | 100g |
| ミニトマト (半分に切る) | 5個分 |
| ソーセージ (斜め切り) | 2本分 |
| ピーマン (横に薄切り) | 1個分 |
| 玉ねぎ (薄切り) | 40g (小1/3個分) |
| トマトケチャップ | 大さじ4 |
| ┌ 顆粒コンソメ | 小さじ1/2 |
| A ウスターソース | 小さじ1 |
| └ 砂糖 | ひとつまみ |
| 塩・こしょう | 各少々 |
| サラダ油 | 大さじ1 |

トッピング

| | |
|---|---|
| 粉チーズ | 適量 |

〔作り方〕

**1 スパゲティをゆでる**
鍋に湯を沸かし、スパゲティを袋の表示通りにゆでる。

**2 具材を炒める**
フライパンにサラダ油を熱し、ピーマンをさっと炒めて取り出す。続けて玉ねぎ、ソーセージを炒め、玉ねぎに火が通ったらミニトマトを加えて炒め合わせる。

**3 スパゲティを加えて炒める**
トマトケチャップ大さじ2、Aを加え、しっかりと炒め合わせたら、ゆで汁をきった1を加えて炒め合わせる。トマトケチャップ大さじ2を加え、ピーマンを戻し入れる。塩、こしょうで味をととのえる。

**詰めるときは**
スパゲティを入れ、好みで粉チーズをふる。

粉チーズは食べる
直前にかけてもOK

相性のいい
めんつゆとバターで
仕上げます

# きのことツナの和風パスタ弁当

困ったときのツナ缶頼み！　炒めたきのこといっしょにさっとからめるだけで即完成です。めんつゆ×バター、最強の組み合わせでお楽しみください。

〔材料・1人分〕

スパゲティ ……………………………… 100g
しめじ（石づきを取りほぐす）……… 50g（½パック分）
しいたけ（石づきを取り薄切り）…………………… 2個分
玉ねぎ（薄切り）……………………… 40g（小⅓個分）
ツナ缶（軽く油をきる）…………… 小½缶（約40g）
めんつゆ（3倍濃縮）…………………… 大さじ2
バター ………………………………………… 5g
塩・こしょう ……………………………… 各少々
サラダ油 ………………………………… 小さじ2

トッピング
青ねぎ（小口切り）……………………… 2本分

 詰めるときは

スパゲティを少しずつ入れ、最後に青ねぎをのせる。

〔作り方〕

**1 スパゲティをゆでる**
鍋に湯を沸かし、スパゲティを袋の表示通りにゆでる。

**2 具材を炒める**
フライパンにサラダ油を熱し、玉ねぎ、きのこを炒める。しんなりしたらツナを加え、めんつゆ、1のゆで汁大さじ2を加えて混ぜ、火を止める。

**3 スパゲティを加えて炒める**
ゆで汁をきった1を加え、炒め合わせる。仕上げにバター、塩、こしょうを加えて味をととのえる。

鶏をゆでた汁を
スープに活用。
うまみたっぷり！

# 冷やし鶏塩ラーメン弁当

ラーメン弁当、材料は多いけど簡単です！　ゆで鶏は前日に作っても大丈夫。スープは密閉性がとくに高いタイプのタッパー必須ですが、冬なら保温ポットで温ラーメンにしても。

〔材料・1人分〕

| | |
|---|---|
| 中華麺 | 1袋 |
| 鶏もも肉 | 150g (大½枚) |

A
| | |
|---|---|
| 水 | 2と½カップ |
| 酒 | 大さじ1 |
| 塩 | 小さじ1 |
| しょうが | 1かけ |
| 長ねぎ (青い部分) | 1本分 |

B
| | |
|---|---|
| 鶏ガラスープの素 | 小さじ1 |
| ごま油 | 小さじ1 |
| 昆布茶・顆粒和風だしの素 | 各少々 |
| 塩・粗びき黒こしょう | 各少々 |

| | |
|---|---|
| もやし | ½袋 |
| キャベツ (細切り) | 50g (½枚分) |
| 乾燥わかめ (水でもどす) | 2g |

C
| | |
|---|---|
| ごま油・しょうゆ | 各小さじ½ |
| 鶏ガラスープの素 | 小さじ½ |

| | |
|---|---|
| 卵 (冷蔵庫から出したての冷えたもの) | 1個 |

トッピング

| | |
|---|---|
| 青ねぎ (小口切り) | 2本分 |
| メンマ | 適量 |

〔作り方〕

**1 肉をゆでてスープを作る**

鍋にAを入れて中火にかけ、沸騰したら鶏肉を入れる。再び沸騰したら5分ゆで、ふたをして火を止める。さめたら鶏肉は食べやすい大きさに切る。ゆで汁1と½カップにBを加え、スープを作る。

**2 具材を準備する**

もやし、キャベツは耐熱皿にのせ、ラップをかけて電子レンジで2分ほど加熱する。水けを絞ってボウルに入れ、わかめ、Cを加えてあえる。卵は沸騰した湯で9分ゆでて冷水に取り、殻をむいて半分に切る。

**3 麺をゆでる**

中華麺は袋の表示通りにゆでて冷水に取り、ペーパータオルでしっかりと水けを取る。

📝 詰めるときは

中華麺を入れ、ゆで鶏、もやしとキャベツ、わかめのあえもの、メンマ、青ねぎ、ゆで卵½個分をのせる。スープは別容器に入れ、食べるときに注ぐ。

ネバとろ具材を
たっぷりのせて
いただきます

# とろとろ温玉そば弁当

温玉、納豆、オクラに長いも。ネバとろ具材を崩してそばにからめると、食がすすむ！
めんつゆは保冷ポットに。温玉はミニミニ容器に入れれば持ち運びも安心。

〔材料・1人分〕

| そば（乾麺） | 100g |
|---|---|
| オクラ | 3本 |

トッピング・つゆ

| 長いも（せん切り） | 30g |
|---|---|
| 納豆 | 1パック（35g） |
| 温泉卵 | 1個 |
| 乾燥わかめ（水でもどす） | 3g |
| めんつゆ（4倍濃縮） | 大さじ3 |

〔作り方〕

## 1 オクラを加熱する

オクラはがくをむき、包丁の先で切り込みを数か所入れ、塩適量（分量外）をふって板ずりする。ラップで包み、電子レンジで1分30秒加熱する。冷水に取り、斜め切りにする。

## 2 そばをゆでる

そばは袋の表示通りにゆでて冷水に取り、ペーパータオルでしっかり水けを取る。

✎ 詰めるときは

そばを入れ、オクラ、長いも、わかめをのせる。納豆はパッケージのまま、温泉卵は別容器に入れて持参する。めんつゆは3倍量の水で薄め、別容器に入れる。食べるときにたれを混ぜた納豆、温泉卵をのせ、つゆをかける。

※温泉卵を持参するときは、かならず保冷剤を添えてください。また、夏場は避けましょう。

味つきビーフンで
手軽に作れるのが
うれしい！

# えびとにらの
# ビーフン弁当

米粉だから腹もちがいいし、もどす手間もいらないし、ビーフンって本当にすばらしい。
麺に味がついている市販の焼きビーフンなら、味つけすらほぼ不要です。

〔材料・1人分〕

| | |
|---|---|
| ビーフン（味つき） | 1袋 |
| えび | 6尾 |
| 片栗粉 | 適量 |
| 塩 | 少々 |
| A にら（食べやすい長さに切る） | ½束分 |
| A 玉ねぎ（薄切り） | 30g（小¼個分） |
| A にんじん（短冊切り） | 20g（小⅙本分） |
| 粗びき黒こしょう | 少々 |
| ごま油 | 適量 |

詰めるときは

でき上がったらそのままタ
ッパーに詰めるだけ！

〔作り方〕

**1 えびの下処理をする**
えびは殻をむいて背わたを
取り、片栗粉、塩をもみ込
む。

**2 具材と
ビーフンを炒める**
フライパンに1、Aを入れ、
ビーフン、水190㎖を加えて
ふたをする。中火で3分蒸し
焼きにする（途中1分30秒
たったら麺をほぐす）。ふた
を取り、全体を混ぜ、水分を
とばす。ごま油をふり、粗び
き黒こしょうをふる。

時間がなーい！ 材料もなーい！
そんなときにおすすめ

# PART
# 3

# 爆速！
# タッパー弁当

寝坊したり、子どもがお弁当の日をうっかり申告し忘れたり、朝、大慌てするシーンはたくさんあります。そんなときは頭をさっと切り替えて、卵、ソーセージ、惣菜、冷凍野菜…すぐに調理できるものを総動員。詰め方に悩まないタッパー容器は、こんなピンチにも大活躍します。どのお弁当も超簡単なので、料理が苦手な人も挑戦しやすいですよ。

# 爆速弁当をおいしく仕上げるコツ

材料少なく、切るもの少なく、加熱時間短く。爆速はとことんミニマムがポイント！　細かい栄養バランスは抜きにして、お腹いっぱいにできればミッション完了です。

POINT!

## 常備してあるものをフル活用

わが家の冷蔵庫やストックスペースには、すぐ食べられるものを必ず常備しています。手作りできないときは、これらの市販品がお助け食材として大活躍。材料が何もない！　というときも安心です。

ツナ缶

チルドハンバーグ

なめたけ

POINT!

## 切る工程はなるべく少なく

料理って、加熱している時間より材料の準備にかかる時間のほうがじつは長いんです。肉や野菜を切る作業も、なければないほうが早い！　その点、卵や加工肉、チルド・冷凍食品はとても優秀です。

まな板も包丁も不要

## 火の通りが
## 早いものを使う

最強に早いのはやっぱり卵。メインにもサブにも使える強い味方です。ソーセージやハムなど加工肉も手軽でおすすめ。加熱するときは、肉なら薄切り、野菜は細切りや薄切りにすると時短になります。

## 味つけは
## シンプルに！

食材の塩けを生かしたり、昆布茶やだししょうゆなど、うまみのある調味料を使ったりすると手間をかけなくてもおいしい。白菜キムチなんて最高です。発酵のうまみと塩けでご飯にもぴったり。

## ひとつの
## フライパンで
## 同時調理

お弁当のおかずはフライパンで作れるものが多いですが、爆速弁当は同時調理でさらに時短。フライパンが汚れない順に作るのがコツで、味つけは最後に。少量のゆで野菜はレンチンがラクです。

## おかずが
## ひとつなら
## 漬けものをプラス

漬けものは日本が誇る発酵食品。うまみがあり、梅干しには静菌作用もあるといわれています。もちろん、ご飯がおいしく食べられるのが最高のメリット。おかずのひとつとして役立てて。

究極のスピード弁当！
でも、こんなのがじつは
メチャおいしい

# トリプルベーコンエッグ弁当

寝坊しちゃった朝の一発逆転弁当。ベーコンは切らずにたたむだけ。包丁もまな板も使いません。お弁当なので、目玉焼きは中まで火を通す「かた焼き」で仕上げます。

〔 材料・1人分 〕

| | |
|---|---:|
| 卵 | 3個 |
| ベーコン | 3枚 |
| だししょうゆ | 小さじ2 |
| 粗びき黒こしょう | 少々 |
| サラダ油 | 大さじ1 |

詰めるときは

ご飯の上にベーコンをたたんでのせ、その上に目玉焼きをのせる。

〔 作り方 〕

## 1 ベーコンを焼いて〜

フライパンにベーコンを入れて火にかけ、両面に焦げ目がつく程度に焼いて取り出す。

## 2 目玉焼きを作る

フライパンの汚れをさっと拭いてサラダ油を熱し、卵を割り入れる。ふたをして弱火で3分半焼く。火が通ったらだししょうゆを加えてからめる。粗びき黒こしょうをふる。

|油は引かずに|

|ドドーンと3つ!|

フライパンひとつで
チャチャッと同時に
作ります

# ソーセージスクランブルエッグ弁当

ソーセージは細かく切り込みを入れて、9割くらいまでしっかり焼き目をつけると、うまそ〜！ な姿に。ほうれん草はあれば冷凍を使うと、ほぼまな板いらずで驚きのラクチンさ。

〔材料・1人分〕

| | |
|---|---|
| ソーセージ（細かく切り込みを入れる）…… **4本分** | 冷凍ほうれん草 ………… **50g** |
| 卵 ………………………… **1個** | コーン ……………………… **20g** |
| マヨネーズ ……………… **小さじ1** | サラダ油 ………………… **少々** |
| A 砂糖 ……………………… **ひとつまみ** | |
| 塩 ………………………… **少々** | |

〔作り方〕

**1 卵液を作って〜**
ボウルに卵を溶きほぐし、Aを加えて混ぜる。

**2 ソーセージとほうれん草を炒めて**
フライパンにサラダ油を熱し、ソーセージを炒める。全体に焼き色がついたら空いているところでほうれん草を炒める。

**3 卵液を投入！**
ほうれん草がしんなりしたらコーンを加え、1を流し入れてさっと混ぜて火を通す。

📝 詰めるときは
ご飯の上にソーセージ、スクランブルエッグの順にのせる。

同時に2品チャレンジ！

炒め始めて5分で完成！

焼いたら切らずに
ドーンとそのまま
詰めるだけ

# ツナとなめたけの卵焼き弁当

作る時間なし、考える余裕なしの日は、割り切って卵焼きだけ弁当もいいじゃないですか。ツナやらなめたけやら入れて、具材多めのどでか卵焼きで存在感を出しましょう。

〔 材料・1人分 〕

| ツナ缶 (油をきる) | 小½缶 (約40g) |
|---|---|
| なめたけ | 大さじ2 |
| 青ねぎ (小口切り) | 1本分 |
| A 卵 | 2個 |
| 塩 | 少々 |
| ごま油 | 小さじ1 |

じつは具だくさん！
食べごたえも◎

卵焼きだけ!?とあなどるなかれ。ツナ、なめたけ、青ねぎと、具だくさんなのです。

〔 作り方 〕

### 1 卵液を作って〜

ボウルにツナ、なめたけ、Aを入れて混ぜる。

ぜーんぶ入れて混ぜ混ぜ

詰めるときは

ご飯、卵焼きの順に詰め、ご飯の上に梅干し、昆布つくだ煮をのせる。

### 2 卵焼きを作る

ミニ卵焼き器にごま油を熱し、1の⅓量を流し入れる。半分以上火が通ったら巻いて奥に寄せ、残りの卵液を2回に分けて同様に焼く。

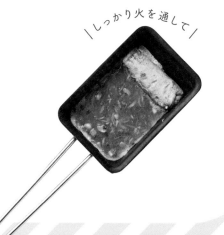

しっかり火を通して

隠し味に
だししょうゆを加えて、
うまみアップ！

# 厚切りハムの カレー炒め弁当

ふつうのハムより厚くて食べごたえがあり、切るのもラクな厚切りハム。冷蔵庫の常備品におすすめです。カレー粉は焦げやすいので、火を止める直前に加えて。

〔材料・1人分〕

| | |
|---|---|
| 厚切りハム (短冊切り) | 1枚分 |
| ピーマン (ハムと大きさを揃えて切る) | 1個分 |
| 玉ねぎ (薄切り) | 30g (小¼個分) |
| A ┌ カレー粉 | 小さじ⅓ |
| └ だししょうゆ | 小さじ1 |
| 粗びき黒こしょう | 少々 |
| サラダ油 | 適量 |

〔作り方〕

## 全部いっしょに炒めるだけ！

フライパンにサラダ油を熱し、ハム、ピーマン、玉ねぎを炒める。玉ねぎがしんなりしたらAを加えて調味する。粗びき黒こしょうをふる。

詰めるときは

　ご飯の上にカレー炒めをのせる。

シャシャッと一気に炒めて！

時間がないときの
惣菜頼み。味つけとご飯に
ちょっぴり工夫します

# 惣菜ハンバーグ弁当

昭和時代からのロングセラー、チルドハンバーグこそ困ったときの救世主。味つけをちょっとアレンジすれば立派な手作り、ということにしておきましょう。

〔材料・1人分〕

ハンバーグ（市販）‥‥‥‥‥‥‥‥‥‥**1個**

A 砂糖・しょうゆ・みりん・酒 ‥‥ 各小さじ1

サラダ油 ‥‥‥‥‥‥‥‥‥‥‥‥ 小さじ½

トッピング

七味唐辛子‥‥‥‥‥‥‥‥‥‥‥‥‥‥ 少々

買いおきがあると
何かと便利

どこのスーパーにもある超定番。シンプルなので味のアレンジがしやすいし、子どもも喜んで食べます。

〔作り方〕

## 焼いてたれをからめるだけ！

フライパンにサラダ油を中火で熱し、ハンバーグを入れて両面を焼く。Aを加えてからめる。

味つけは甘辛だれでしっかり！

📝 詰めるときは

ご飯にちぎった焼きのり全形¼枚分とかつお節ひとつまみをのせる。ハンバーグをのせて七味唐辛子をふり、ご飯の上に五目煮豆としば漬けをのせる。

味つけは**キムチ**と
**めんつゆ**だけの
超ラク弁当！

# 豚キムチ弁当

腹ペコさんに余計なおかずはいりません。豚キムチ炒めと白いご飯があれば文句なし！
キムチはにんにく不使用のタイプならにおいも気にならないし、お手軽バンザイです。

〔 材料・1人分 〕

| | |
|---|---|
| 豚こま切れ肉 | 150g |
| 白菜キムチ | 50g |
| 玉ねぎ（薄切り） | 30g（小¼個分） |
| めんつゆ（3倍濃縮） | 小さじ1 |
| ごま油 | 小さじ1 |

白いご飯が
うますぎます

〔 作り方 〕

### 1 材料に下味をつけて〜

ポリ袋に豚肉、玉ねぎ、めんつゆ
を入れてもみ込む。

### 2 具材を炒める

フライパンにごま油を熱し、1を
炒める。肉の色が変わったら白菜
キムチを加え、さっと炒める。好
みでラー油適量(分量外)を回し
かける。

詰めるときは

ご飯の上に豚キムチ炒めをの
せる。

チャチャッと炒めるだけ！

長ねぎは具材とたれの
ダブル使い。レモンで
さっぱり仕上げに

084

# 2種のねぎがうまい ねぎ塩豚弁当

長ねぎって偉大です。肉、魚、卵、何でも合うし、刻んでたれにしてもおいしい。このねぎ
だれは甘みと酸味のバランスがよく、さっぱり食べられるので夏にもおすすめ。

〔材料・1人分〕

| | |
|---|---|
| 豚こま切れ肉 | 150g |
| 長ねぎ | 1本 |
| 鶏ガラスープの素 | 適量 |
| レモン汁 | 小さじ1 |
| 砂糖 | ひとつまみ |

| | |
|---|---|
| こしょう | 少々 |
| 塩・ごま油 | 各適量 |

トッピング

| | |
|---|---|
| 粗びき黒こしょう | 少々 |

〔作り方〕

### 1 肉に下味をつけて～

ポリ袋に豚肉、鶏ガラスープの素
小さじ½、砂糖、ごま油少々を入
れてもみ込む。

### 2 ねぎだれを作って

長ねぎは上半分をみじん切りにし
て、ごま油、塩、鶏ガラスープの素
各少々、レモン汁と混ぜる。残りの
長ねぎは斜め切りにする。

### 3 具材をさっと炒める

フライパンにごま油小さじ1を熱
し、1を炒める。8割ほど火が通っ
たら、斜め切りにした長ねぎを加
えてさっと炒め、塩少々、こしょう
で味をととのえる。

📝 詰めるときは

ご飯の上にねぎ塩炒めをの
せ、ねぎだれをかける。好みで
粗びき黒こしょうをふる。

たれをかけるだけで完成！

お好み焼きと
麺でボリューム
たっぷり！

# お好み 焼きそば弁当

みんな大好き粉もの弁当！ 焼きそばとお好み焼きを同時に作り、重ねて詰めるだけです。キャベツはざく切りでいいし、ねぎを切るのもキッチンばさみでいいですよ。

〔材料・1人分〕

| | |
|---|---|
| 焼きそば用蒸し麺 | 1袋 |
| キャベツ (ざく切り) | 100g (1枚分) |
| 豚ロース薄切り肉 (半分に切る) | 30g |

A
| | |
|---|---|
| 小麦粉・水 | 各大さじ2 |
| 顆粒和風だしの素 | 少々 |
| 揚げ玉・紅しょうが | 各適量 |
| 長ねぎ (小口切り) | 10g (3cm分) |

B
| | |
|---|---|
| 顆粒和風だしの素 | 少々 |
| ウスターソース | 小さじ2 |
| しょうゆ | 小さじ1 |
| オイスターソース | 小さじ1 |

| | |
|---|---|
| サラダ油 | 適量 |

トッピング
| | |
|---|---|
| かつお節・青のり | 各少々 |
| 中濃ソース・マヨネーズ | 各適量 |

〔作り方〕

### 1 麺をレンチン！
焼きそば麺は袋に少し穴を開け、袋ごと電子レンジで1分加熱する。

### 2 お好み焼きの生地を作って
ボウルにキャベツ、Aを入れて混ぜる。

### 3 お好み焼きと麺を同時に焼く
フライパンにサラダ油を中火で熱し、端に2を丸く広げる(タッパーの大きさに合わせる)。豚肉を重ならないようにのせて4分焼き、上下を返して2分焼く。返すときに、空いているところに1を入れて炒める。麺がほぐれたらBを加えて調味する。

### 詰めるときは
焼きそば、お好み焼きの順に入れ、ソース、かつお節、青のりをかける。食べるときにマヨネーズをかける。

大きめのフライパンで2品同時！

ドーンとおかずのっけ!
ボリュームバンザイ!

# PART

# 4

# ご飯が主役!
# の弁当

おかずをのせたり、混ぜたり、汁がけにしたり、いろいろな
食べ方が楽しめて腹もちもよし。ご飯の量も多めにしてい
るので、男性や食べ盛りの子どもにもおすすめです。おかず
の味がしみたご飯はおいしいのがうれしいけど、暑い日は
ちょっと注意。白いご飯に比べると汁がしみたご飯は傷み
やすいので、保冷剤や保冷バッグでしっかり冷やすか、真
夏は避けましょう。

# ご飯弁当をおいしく仕上げるコツ

のっけ、炒めなど調理法によってポイントが違います。タッパー使いのコツは、混ぜながら食べるタイプは深めの容器、スープやたれは別容器を選ぶことです。

## ［のっけ弁当］

### POINT!

## ご飯に味がしみておいしいものを

ご飯とおかずを同時に食べるお弁当だから、ご飯とのマッチングは大事。その点、ひき肉おかずはベスト。ご飯になじみやすいし、甘辛味やカレー味など、ご飯がすすむ味つけにもハマります。

しみしみ〜

### POINT!

## タッパー容器は少し深めが◯

基本のお弁当はぴったりサイズがいいですが、のっけ弁当は上部に余裕のある深めサイズがおすすめ。容器の中で混ぜながら食べるので、混ぜやすいように少し余裕ができるタッパーを選びましょう。

混ぜやすい！

POINT!

# 具を大きめにして
# 食べごたえアップ

おかずを兼ねるご飯弁当なので、野菜も肉もたっぷり、具の存在感を出して食べごたえを出しましょう。レシピでは、炒めやすくご飯に混ざりやすい切り方で紹介しているので、試してみて。

具だくさん

POINT!

# スープやたれは
# 別容器に

小分け用の容器があれば、ソースをかけたり、温玉を添えたり、ご飯弁当のバリエーションが広がります。食べるときのひと手間で、「いただきます！」のワクワク気分がアップ！

温玉も！

※温泉卵を持参するときは、かならず保冷剤を添えてください。また、夏場は避けましょう。

目玉焼きを混ぜれば
味変に。いろんな味が
楽しめます！

# 野菜たっぷりビビンパ弁当

3色ナムルと焼き肉を作るので工程多めですが、レンチン&フライパンひとつで肉も野菜もたっぷり食べられて、大満足。混ぜやすいスクエア形タッパーがぴったりです。

〔材料・1人分〕

| | |
|---|---|
| 豚こま切れ肉 | 100g |
| 焼き肉のたれ | 小さじ2 |
| もやし | ½袋 |
| 卵 | 1個 |
| ほうれん草 | 50g (¼束分) |
| にんじん (細切り) | 30g (⅕本分) |
| 塩 | 少々 |
| ┌ しょうゆ | 小さじ1 |
| A 鶏ガラスープの素 | 小さじ1 |
| └ 白いりごま | 適量 |
| ごま油 | 適量 |

✎ 詰めるときは

ご飯に豚肉、野菜を均等にのせ、目玉焼きをのせる。

〔作り方〕

**1 具材を準備する**

ポリ袋に豚肉、焼き肉のたれを入れてもみ込む。もやしは耐熱皿にのせてラップをかけ、電子レンジで2分加熱して水けを絞る。ほうれん草も同様にして1分加熱し、冷水に取る。水けを絞って食べやすい長さに切る。

**2 目玉焼きを作る**

フライパンにごま油適量を熱し、卵を割り入れる。ふたをして弱めの中火で3分焼き、取り出す。

**3 野菜と豚肉を炒める**

同じフライパンにごま油小さじ1を足し、にんじんを炒める。しんなりしたら塩で味をととのえて取り出す。フライパンの汚れをさっと拭き取り、ごま油小さじ½を足して❶の豚肉を炒める。

**4 野菜をあえる**

2つのボウルにA、ごま油小さじ1を分けて入れ、もやし、ほうれん草をそれぞれあえる。

中濃ソースも
タルタルソースのせも！
ダブルでおいしい

# らっきょタルタルチキンカツ丼弁当

ポイントはカツのころもづけ。卵液にサラダ油を入れて鶏肉のうまみを閉じ込め、ころもを二度づけしてカリッと揚げます。タルタルはらっきょうで作ると簡単でうまい！

〔材料・1人分〕

| 鶏むね肉 | 150g (大½枚) |
|---|---|
| 卵 | 1個 |

| A | | |
|---|---|---|
| | らっきょう甘酢漬け (みじん切り) | 3個分 |
| | マヨネーズ | 小さじ2 |
| | レモン汁 | 小さじ1 |
| | 砂糖・塩・こしょう | 各少々 |

| 塩・こしょう | 各少々 |
|---|---|
| 小麦粉・パン粉 | 各適量 |

| B | | |
|---|---|---|
| | 卵 | 1個 |
| | サラダ油 | 小さじ½ |

| 揚げ油 | 適量 |
|---|---|

トッピング・ソース

| キャベツ (せん切り) | 30g (⅓枚分) |
|---|---|
| 中濃ソース | 適量 |

📝 詰めるときは

ご飯にせん切りキャベツ、食べやすく切ったチキンカツの順にのせ、タルタルソース、中濃ソースを別に添える。

〔作り方〕

**1 タルタルソースを作る**

卵1個は沸騰した湯で11分ゆでる。白身は粗く刻み、黄身はフォークでしっかりつぶす。Aを加えてよく混ぜる。

**2 鶏肉にころもをつける**

鶏肉は厚い部分を切り開き、厚みを均一にする。塩、こしょうをふり、小麦粉を軽くまぶす。混ぜ合わせたB、小麦粉、B、パン粉の順にころもをしっかりつける。

**3 油で揚げる**

鍋に揚げ油を入れて170℃に熱し、2を3分30秒ほど揚げる（2分たったら上下を返す）。

人気のガーリック風味。
焼き肉のたれで
味つけ簡単！

# まいたけステーキ ライス弁当

まるでステーキ専門のチェーン店みたいな、食欲そそるガーリックステーキとコーンライス。牛肉は前日にまいたけ、玉ねぎとともにラップに包んでおくと安い肉でもやわらか!

## 〔材料・1人分〕

牛ももステーキ用肉 ……………… 150g
まいたけ (ほぐす) ……………… 30g (1/3パック)
玉ねぎ (薄切り) ……………… 30g (小1/4個分)
塩・こしょう ……………… 各適量
コーン ……………… 大さじ2
温かいご飯 ……………… 丼1杯分 (200g)
しょうゆ ……………… 小さじ1
A 塩・こしょう ……………… 各少々
昆布茶 ……………… 小さじ1/2
にんにく (薄切り) ……………… 1片分
B 焼き肉のたれ・しょうゆ ……………… 各小さじ1
サラダ油 ……………… 小さじ2

**トッピング**
青ねぎ (小口切り) ……………… 1本分

### 詰めるときは

コーンライスに
まいたけステー
キをのせ、青ね
ぎをふる。

## 〔作り方〕

### 1 具材に下味をつける

ラップに牛肉を広げ、まいたけ、玉ねぎをのせて包む。1時間以上おいて、食べやすい大きさに切り、塩、こしょうをふる。

### 2 ご飯を炒める

フライパンにサラダ油小さじ1を熱し、コーン、ご飯を炒める。全体が混ざったらAを加えて調味し、取り出す。

### 3 肉を焼く

フライパンの汚れをさっと拭いてサラダ油小さじ1を足し、にんにく、1を焼く。肉の色が変わったらBを加えて調味する。

とろ〜り温泉卵を
崩しながら
いただきます

# キーマカレーライス弁当

隠し味はちょこっと入れたオイスターソース。深みのあるコクが出ます。温泉卵はミニミニ容器で持ち運び、食べるときに割り入れて崩しながら食べましょう。

〔材料・1人分〕

| | |
|---|---|
| 合いびき肉 | 150g |
| 玉ねぎ (みじん切り) | 30g (小¼個分) |
| にんじん (みじん切り) | 30g (⅕本分) |
| しょうが・にんにく (みじん切り) | 各少々 |
| 酒 | 大さじ1 |
| ┌ オイスターソース | 小さじ1 |
| A 水 | ½カップ |
| └ 砂糖 | 小さじ½ |
| カレールウ | ½かけ (約10g) |
| サラダ油 | 小さじ1 |

トッピング

| | |
|---|---|
| 温泉卵 | 1個 |
| らっきょう甘酢漬け | 2個 |

〔作り方〕

## 1 具材を炒める

フライパンにサラダ油を熱し、玉ねぎ、にんじん、しょうが、にんにくを炒める。野菜がしんなりしてきたらひき肉、酒を加えて炒める。

## 2 調味する

肉の色が変わったらAを加えて弱火で10分ほど煮る。火を止めてカレールウを溶かし入れる。とろみがつくまで少し煮る。

### 詰めるときは

ご飯にカレーをのせ、好みでらっきょう甘酢漬けを添える。食べるときに温泉卵を割り入れる。

✿温泉卵を持参するときは、かならず保冷剤を添えてください。また、夏場は避けましょう。

ぜーんぶ
炊飯器まかせの
ごちそうご飯

# シンガポールチキンライス弁当

エスニックが苦手な人でも食べやすい、鶏の炊き込みご飯。鶏もも肉1枚と米2合が作りやすいですが、量が多いので、お腹の具合に合わせて調整して。

[ 材料・作りやすい分量 ]

| | |
|---|---|
| 米 (洗って30分浸水させる) | 2合 |
| 鶏もも肉 | 1枚(250g) |
| A ┌ 塩・鶏ガラスープの素 | 各少々 |
| ├ 長ねぎ (青い部分) | 1本分 |
| └ しょうが | 1かけ |
| B ┌ 長ねぎ (みじん切り) | 30g (⅓本分) |
| ├ しょうが (みじん切り) | 1かけ分 |
| ├ にんにく (みじん切り) | 1片分 |
| ├ ナンプラー・しょうゆ | 各小さじ1 |
| ├ オイスターソース | 小さじ1 |
| ├ ラー油 (好みで) | 小さじ1 |
| └ 砂糖・レモン汁 | 各小さじ1 |

トッピング

| | |
|---|---|
| 水菜 (ざく切り) | 適量 |
| レモンの輪切り | 1枚 |

📝 詰めるときは

ご飯に鶏肉をのせ、水菜、レモンを添える。たれは別容器に入れ、食べるときにかける。

[ 作り方 ]

**1 鶏肉をのせて炊飯する**

炊飯器に米を入れ、2合の目盛りよりやや少なめに水を加える。鶏肉、Aを入れて炊飯する。

**2 鶏肉を取り出してたれを作る**

米が炊けたら鶏肉を取り出してご飯をほぐし、鶏肉は食べやすい大きさに切る。Bを混ぜてたれを作る。

つゆは別添えで。
温玉も添えた
激うま仕上げ！

# つゆだく 牛丼弁当

おいしさの秘密は韓国風の顆粒牛肉だし。これを使えば、うまみが出て、一気に本格的な味になるんです。煮汁はラップで包み、ピックでぷすっと刺してかけて(P.41参照)。

〔材料・1人分〕

| | |
|---|---|
| 牛切り落とし肉 | 150g |
| A 酒・砂糖 | 各大さじ1 |
| 玉ねぎ(1cm幅のくし形切り) | 50g(¼個分) |

B
| | |
|---|---|
| しょうがの絞り汁 | 1かけ分 |
| 顆粒牛肉だしの素 | 少々 |
| 顆粒和風だしの素 | 小さじ½ |
| しょうゆ・酒 | 各大さじ1 |
| 砂糖 | 大さじ2 |
| 水 | 1と½カップ |

トッピング

| | |
|---|---|
| 温泉卵 | 1個 |
| 紅しょうが | 適量 |

〔作り方〕

**1 肉に下味をつける**
ポリ袋に牛肉、Aを入れてもみ込む。

**2 具材を煮る**
鍋にB、玉ねぎを入れて中火にかけ、5分ほど煮たら①を加える。アクを取りながら弱火で5分ほど煮たら、火を止めてしばらくおく。

📝 詰めるときは

ご飯に牛丼の具をのせ、紅しょうがを添える。温泉卵は別容器に入れ、食べるときに割り入れる。煮汁(牛丼のつゆ)は別添えにする。

※温泉卵を持参するときは、かならず保冷剤を添えてください。また、夏場は避けましょう。

ふわふわの卵を
たっぷりのせて。
食べごたえも◎

# 包まない オムライス弁当

大人も子どももみんな大好きなオムライス。手間をかけて薄焼き卵を作らなくても、ラフなオムレツで十分。いや、むしろこのほうが食べごたえがあっていいですよ！

〔材料・1人分〕

| | | |
|---|---|---|
| ソーセージ（輪切り） | 2本分 |
| 玉ねぎ（小さめの角切り） | 30g（小¼個分） |
| ピーマン（小さめに切る） | 1個分 |
| A ┌ 顆粒コンソメ | 小さじ½ |
| しょうゆ | 小さじ1 |
| └ 砂糖 | ひとつまみ |
| トマトケチャップ | 大さじ3 |
| ご飯 | 丼1杯分（200g） |
| 塩・こしょう | 各少々 |
| B ┌ 卵 | 1個 |
| 砂糖 | 小さじ½ |
| 塩 | 少々 |
| └ マヨネーズ | 小さじ1 |
| サラダ油 | 小さじ2 |

トッピング
トマトケチャップ ……………… 適量

 詰めるときは

ケチャップライスの上にオムレツをのせ、トマトケチャップをかける。

〔作り方〕

## 1 具材を炒める

フライパンにサラダ油小さじ1を熱し、ソーセージ、玉ねぎ、ピーマンを炒める。玉ねぎがしんなりしたらA、トマトケチャップ大さじ1を加えて調味する。

## 2 ご飯を加えて炒める

ご飯を加えて水分をとばすように炒め、トマトケチャップ大さじ2、塩、こしょうで味をととのえる。

## 3 オムレツを作る

フライパンの汚れを拭いてサラダ油小さじ1を熱し、混ぜ合わせたBを流し入れる。箸で混ぜ、火が通ってきたら、ざっくりとオムレツのように形を整える。

だしをきかせた
うまみたっぷりの
スープをかけて

106

# 冷やし鶏茶漬け弁当

奄美地方の郷土料理、鶏飯のようにサラサラと食べられるだし茶漬け。ゆで鶏は前日に作ってもOK。スープに使った残りのゆで汁は、冷蔵で3日間保存できます。

〔材料・1人分〕

| | | |
|---|---|---|
| 鶏もも肉 | …… | 大½枚 (150g) |

A
| | | |
|---|---|---|
| 水 | …… | 2カップ |
| 酒 | …… | 大さじ1 |
| 塩 | …… | 小さじ1 |
| しょうが | …… | 1かけ |
| 長ねぎ (青い部分) | …… | 5cm分 |

B
| | | |
|---|---|---|
| 鶏ガラスープの素 | …… | 小さじ1 |
| 昆布茶 | …… | 少々 |
| だししょうゆ | …… | 小さじ1 |

[トッピング]

| | | |
|---|---|---|
| 紅しょうが (刻む)・好みの漬けもの | …… | 各少々 |
| 青ねぎ (小口切り) | …… | 少々 |

〔作り方〕

**1 鶏肉をゆでる**

鍋にAを入れて中火にかけ、沸騰したら鶏肉を入れる。再び沸騰したら5分ゆでて火を止め、ふたをしてそのままおく。さめたら細く裂く。

**2 スープを作る**

1のゆで汁1と½カップ、Bを合わせてスープを作る。

**✎ 詰めるときは**

ご飯に鶏肉、紅しょうが、漬けもの、青ねぎをのせる。スープは別容器に入れ、食べるときにかける。

フレッシュな野菜も
たっぷりなのが
うれしい

# タコライス弁当

タコスの具をご飯にのせた沖縄生まれのタコライス。にんにくやスパイスでパンチをきかせた味は、食欲増進効果満点！　スタミナをつけたいときにおすすめのお弁当です。

〔材料・1人分〕

合いびき肉 ……………………… 100g

A ┬ 玉ねぎ (みじん切り) ………… 30g (小¼個分)
　├ にんにく (みじん切り) ……………… ½片分
　└ しょうが (みじん切り) ……………… 1かけ分

B ┬ トマトケチャップ ……………………… 大さじ2
　├ ウスターソース ……………………… 小さじ2
　├ チリパウダー (なければカレー粉) ………… 少々
　└ 塩・こしょう・顆粒コンソメ ……………… 各少々

サラダ油 ……………………………… 小さじ1

トッピング

レタス (ひと口大にちぎる) …………… 10g (½枚分)
水菜 (ざく切り) ……………………… 10g (⅓株分)
ミニトマト (4等分のくし形に切る) ……………… 5個分
ピザ用チーズ ……………………………… 適量

〔作り方〕

## タコミートを作る

フライパンにサラダ油を熱し、ひき肉、Aを炒める。肉の色が変わってきたらBを加えてよく炒め合わせる。

✐ 詰めるときは

ご飯の上にレタスを敷き、タコミートをのせる。水菜、ミニトマトを散らし、ピザ用チーズをのせる。

ポークやちくわが
ごろごろ。
満足度高い!

# ごろっとポークの高菜チャーハン弁当

高菜ご飯に厚切りロース肉とちくわを混ぜて具だくさんに。隠し味は昆布茶。うまみたっぷりの魔法の調味料で、お店級においしいチャーハンのでき上がりです！

〔材料・1人分〕

| | |
|---|---|
| 豚ロース厚切り肉 | 1枚（120g） |
| 塩・こしょう | 各適量 |
| ご飯 | 丼1杯分（200g） |
| 高菜漬け | 50g |
| 長ねぎ（みじん切り） | 30g（⅓本分） |
| ちくわ（輪切り） | 小1本分 |
| A ┌ 白いりごま | 少々 |
| └ 昆布茶・しょうゆ | 各小さじ1 |
| ごま油 | 小さじ1 |

トッピング

| | |
|---|---|
| 白いりごま | 少々 |

✑ 詰めるときは

チャーハンを詰め、白いりごまをふる。

〔作り方〕

**1 肉に下味をつける**
豚肉はひと口大に切り、塩、こしょうをふる。

**2 肉とご飯を炒める**
フライパンにごま油を熱し、1を炒める。肉の色が変わったらご飯を加えて炒める。

**3 具材を加えて炒める**
高菜漬け、長ねぎ、ちくわを加えてさっと炒め合わせ、Aで調味する。

うまみたっぷり！

# PART

# 5

# とろとろ！
# シートのせ弁当

とろみ系おかずは別容器に入れて2個弁当にしていましたが、クッキングシート＋タッパーなら弁当1個でいけることを発見。おかずとご飯の間にシートを入れ、食べるときにははずす方式にすると、ぐちゃぐちゃにならずおいしく食べられるんです。シートは傷み防止にも効果あり。浅めタッパーにふたギリくらいまで詰めると崩れにくいですよ。

シートをスル〜っとはずすと
まるでできたてみたい！

本格的なおいしさ！
なすも入れて
ボリュームアップ

# 麻婆なす豆腐弁当

崩れやすく汁けが多い麻婆も、クッキングシートの上にのせればお弁当にOK。さめても
おいしく食べられます。じっくり炒めた香味野菜と豆板醤がいい仕事してます。

〔材料・1人分〕

| | |
|---|---|
| 豚ひき肉 | 100g |
| 木綿豆腐 | ½丁(150g) |
| なす (乱切り) | 小1本分 |
| 長ねぎ (みじん切り) | 5cm分 |
| A しょうが (みじん切り) | 少々 |
| にんにく (みじん切り) | 少々 |
| 豆板醤 | 小さじ½ |
| 酒 | 小さじ1 |
| B 鶏ガラスープの素 | 小さじ1 |
| 甜麺醤・しょうゆ | 各大さじ½ |
| 砂糖 | 小さじ½ |
| 水 | ½カップ |
| 片栗粉 (同量の水で溶く) | 大さじ2 |
| ごま油 | 小さじ1 |

トッピング

| | |
|---|---|
| 粉山椒・ラー油 | 各適量 |

〔作り方〕

**1 豆腐をゆでる**
豆腐はひと口大に切り、塩少々(分量外)を加えた湯で2分ほどゆでる。

**2 具材を炒める**
フライパンにごま油を熱し、なすを炒めて取り出す。続けてひき肉、Aを入れて炒め、肉の色が変わったらB、1を加える。ひと煮立ちしたら、長ねぎ、水溶き片栗粉を加えてとろみをつける。

**3 仕上げる**
なすを戻し入れてざっと混ぜる。

📝 **詰めるときは**

ご飯にクッキングシートをのせて、麻婆なす豆腐を盛る。好みでラー油、粉山椒をかける。

常温でもおいしさ変わらず！
野沢菜漬けが
最高に合う！

# きのこカレーと野沢菜漬け弁当

薄切り肉はほぐさずに切ると、かたまり肉風のやわらかさが出ます。前日に作ってもよし。みずみずしい野沢菜漬けとカレーの絶妙な相性を楽しんで。

〔 材料・1人分 〕

| | |
|---|---|
| 豚ロース薄切り肉 | 50g |
| しめじ | 20g (⅕パック) |
| 玉ねぎ | 40g (小⅓個) |
| にんじん | 20g (小⅙本分) |
| ┌ オイスターソース | 小さじ1 |
| A 砂糖 | 小さじ½ |
| └ 水 | ¾カップ |
| カレールウ | 1かけ (約20g) |
| サラダ油 | 小さじ1 |

トッピング

野沢菜漬け (刻む) ……… 適量

📝 詰めるときは

ご飯にクッキングシートをのせ、カレーを盛る。野沢菜漬けを添える。

〔 作り方 〕

**1 具材を切る**

豚肉は食べやすい大きさに切る。しめじは石づきを取ってほぐし、玉ねぎはざく切りにする。にんじんは3mm厚さの半月切りにする。

**2 具材を炒める**

深めのフライパンなどにサラダ油を熱し、玉ねぎ、にんじんを炒める。玉ねぎが透き通ってきたら豚肉、しめじを加えて炒め合わせる。

**3 煮込む**

肉の色が変わったら、Aを加えて弱火で15分ほど煮る。火を止めてカレールウを加えて溶かし、とろみがつくまで少し煮る。

きのこと白菜の
うまみたっぷり。
とろ～りあんかけ丼に

# 白菜のうま煮 のせ弁当

丼のようにご飯といっしょに食べるとおいしく、食がすすみます。野菜はチェンジOK。
冷蔵庫の残り野菜一掃でもよいです。栄養もしっかりとれてヘルシーでいうことなし。

〔材料・1人分〕

豚ひき肉 ……………………………………… 50g
白菜 (食べやすい大きさに切る) ……… 150g (大1枚分)
しいたけ (軸を取って薄切り) ………………… 2個分
A ┬ 酒 ………………………………………… 大さじ1
  └ 水 ………………………………………… ½カップ
B ┬ しょうゆ ………………………………… 小さじ2
  │ みりん …………………………………… 小さじ1
  └ 顆粒和風だしの素 ……………………… 少々
片栗粉 (同量の水で溶く) ………………… 大さじ1
塩 ……………………………………………… 少々
ごま油 ……………………………………… 小さじ1

トッピング
ラー油 ……………………………………… 適量

〔作り方〕

## 1 具材を炒めて煮る

フライパンにごま油を熱し、ひき肉を炒める。肉の色が変わったら白菜、しいたけを加えて炒め、Aを加えて弱火で5 〜 7分煮る。

## 2 仕上げる

B、水溶き片栗粉を加えてとろみをつける。塩で味をととのえる。

詰めるときは

ご飯にクッキングシートをのせ、うま煮を盛る。好みでラー油をかける。

119

片栗粉でしっかり
とろみをつければ
食べやすい！

# あんかけ親子丼弁当

クッキングシートを敷けば、汁しみすぎ問題も即解決。キーマンは水溶き片栗粉です。汁とうまみをしっかり閉じ込めつつ、卵のやわらかさをキープしてくれますよ。

〔 材料・1人分 〕

鶏もも肉 (ひと口大に切る) ……… **100g** (小½枚分)
卵 ……………………………………… **2個**
玉ねぎ (薄切り) …………………… **30g** (小¼個分)
┌ めんつゆ (3倍濃縮) ……………… **¼カップ**
A みりん ……………………………… **大さじ½**
└ 水 …………………………………… **½カップ**
片栗粉 (同量の水で溶く) ………… **大さじ2**

トッピング
大根の梅酢漬け ……………………………… 適量

 詰めるときは

ご飯にクッキングシートをのせ、親子煮を盛る。好みで大根の梅酢漬けを添える。

〔 作り方 〕

**1** 具材を煮る
鍋にA、鶏肉、玉ねぎを入れて中火にかけ、7分ほど煮る。

**2** 卵を加えて煮る
肉に火が通ったら水溶き片栗粉でとろみをつけ、軽く溶きほぐした卵を流し入れてしっかりと火を通す。

# MAYA家のおにぎり

**部活やレジャーに大人気。
おかずおにぎりのすすめ**

食べ盛りの子どもがいるので、多いときは1日20個以上おにぎりを作るのですが、おにぎりって本当によくできた食べ物です。時間がないとき、小腹がすいたとき、お出かけのとき。さっと食べられて、どんな具でも、もれなくおいしい。完ぺきです。

私は、具だくさんにして、とんがったところのどこから食べてもいいようににぎるのが好き。ひと口目から米、具材、のりの一体感が味わえる、わが家自慢のおにぎりたち、ご紹介します。

じゃこわかめごまおにぎり

ビビンパおにぎり

カリカリ梅昆布おにぎり

高菜明太子おにぎり

# コレクション

青じそから揚げおにぎり

ハム卵チーズおにぎり

そぼろ卵七味おにぎり

野沢菜鮭おにぎり

さばとガリの青じそおにぎり

香ばし焼きおにぎり

→レシピは次のページから

**123**

# おにぎりの作り方

カリカリ梅の食感が楽しい
## カリカリ梅昆布おにぎり

〔材料（1個分）と作り方〕

1. ボウルに温かいご飯、刻んだカリカリ梅、塩昆布各適量としらす少々を入れて混ぜる。

2. 好みの形ににぎる。

野菜も入って具だくさん
## ビビンパおにぎり

〔材料（1個分）と作り方〕

1. ポリ袋に豚こま切れ肉20g、焼き肉のたれ小さじ½を入れてもみ込む。

2. フライパンにごま油小さじ1を熱し、せん切りにしたにんじん10gを炒める。しんなりしたら冷凍ほうれん草10gを加えて炒め、塩小さじ¼で味をととのえて取り出す。

3. フライパンの汚れをさっと拭き取り、ごま油小さじ½を足して①を炒める。

4. ボウルに温かいご飯適量、②、白いりごま小さじ⅓を入れて混ぜ、③を加えて好みの形ににぎる。韓国のり2枚を巻く。

ごま油の香りがふんわり
## じゃこわかめごまおにぎり

〔材料（1個分）と作り方〕

1. 乾燥わかめ適量は水でもどして食べやすく切る。

2. ボウルに温かいご飯、白いりごま各適量、ちりめんじゃこ10g、①、塩少々、ごま油小さじ1を入れて混ぜ、好みの形ににぎる。

高菜と明太子で味つけしっかり
## 高菜明太子おにぎり

〔材料（1個分）と作り方〕

1. 明太子20g（小⅓腹）はグリルで2分焼く。

2. ボウルに温かいご飯、刻んだ高菜漬け各適量を入れて混ぜ、①を包むようににぎる。

から揚げは冷凍や惣菜でもOK
## 青じそから揚げおにぎり

〔材料（1個分）と作り方〕

1. 鶏のから揚げ1個にウスターソース小さじ1をまぶす。

2. 温かいご飯適量に青じそ1枚、マヨネーズ小さじ1、①を順にのせてにぎり、焼きのり全形⅓枚で包む。

最後にふる七味唐辛子がアクセント
## そぼろ卵七味おにぎり

〔 材料（1個分）と作り方 〕

1. そぼろを作る。フライパンに豚ひき肉200gを入れ、酒小さじ1、砂糖大さじ1を加えて弱火で炒める。肉の色が変わったらしょうゆ大さじ1を加えて煮る。

2. ボウルに卵1個、砂糖小さじ½、塩少々を入れて混ぜる。フライパンにサラダ油小さじ1を熱して卵液を流し入れ、箸で混ぜていり卵を作る。

3. ボウルに温かいご飯、1のそぼろ各適量、2を入れて混ぜ、好みの形ににぎる。七味唐辛子少々をふる。

   ※そぼろは作りやすい量。残りは冷蔵なら2日、冷凍は2週間保存可能。

ガリが魚のクセをやわらげます
## さばとガリの青じそおにぎり

〔 材料（1個分）と作り方 〕

1. 塩さば⅓切れはグリルで焼いて軽くほぐす。

2. ボウルに温かいご飯適量、1、粗く切ったしょうがの甘酢漬け適量を入れて混ぜ、好みの形ににぎる。青じそ1枚を巻く。

ころころの具材を混ぜ込みます
## ハム卵チーズおにぎり

〔 材料（1個分）と作り方 〕

1. ボウルに溶き卵½個分、砂糖小さじ½、塩少々を入れて混ぜる。

2. フライパンにサラダ油小さじ1を熱し、小さく切った厚切りハム½枚分を炒める。空いているところに1を流し入れ、箸で混ぜていり卵を作る。

3. ボウルに温かいご飯適量、小さく切ったベビーチーズ½個分、2を入れて混ぜ、好みの形ににぎる。

具材たっぷり、食べごたえあり
## 野沢菜鮭おにぎり

〔 材料（1個分）と作り方 〕

1. 塩鮭½切れはグリルで焼いてほぐしておく。

2. ボウルに温かいご飯適量、1、刻んだ野沢菜漬け適量を入れて混ぜ、好みの形ににぎる。

しょうゆとごま油で香ばしく
## 香ばし焼きおにぎり

〔 材料（1個分）と作り方 〕

1. ボウルに温かいご飯適量、かつお節ふたつまみ、しょうゆ小さじ1、ごま油小さじ⅓を入れて混ぜ、好みの形ににぎる。

2. フライパンに1を入れ、こんがり焦げ目がつくまで両面を焼く。

# 材料別インデックス

## Profile

## MAYA

東京都在住。夫、長男、長女、次男の5人家族。2016年に日々の家ごはんやお弁当をアップしたインスタグラムをスタート。「地味弁」や単身赴任中の夫に持たせる「まるごと冷凍弁当」が話題に。現在は都内高校のスポーツクラスの学食や寮の調理を担当。サッカー部や野球部の生徒のために作るボリュームごはんが人気。著書に『一生おいしいお弁当』(出版文化社)、『まるごと冷凍弁当』(宝島社)など。

Instagram @heavydrinker

## Staff

| | |
|---|---|
| 撮影 | 高杉 純 |
| デザイン | 佐藤ジョウタ、鈴木マサル (iroiroinc.) |
| 編集 | 坂本典子、佐藤由香 (シェルト*ゴ) |
| 校閲 | ゼロメガ |

撮影協力　タッパーウェアブランズ・ジャパン株式会社

これでいいのだ☆ **毎日タッパー弁当**
2023年2月14日　第1刷発行

発行人　土屋　徹
編集人　滝口勝弘
企画編集　田村貴子
発行所　株式会社Gakken
〒141-8416　東京都品川区西五反田2-11-8
印刷所　大日本印刷株式会社
DTP製作　株式会社グレン

●この本に関する各種お問い合わせ先
本の内容については、下記サイトのお問い合わせフォームよりお願いします。
　https://www.corp-gakken.co.jp/contact/
在庫については　Tel 03-6431-1250 (販売部)
不良品 (落丁、乱丁) については　Tel 0570-000577
　学研業務センター　〒354-0045　埼玉県入間郡三芳町上富279-1
上記以外のお問い合わせは　Tel 0570-056-710 (学研グループ総合案内)

学研グループの書籍・雑誌についての新刊情報・詳細情報は下記をご覧ください。
学研出版サイト　https://hon.gakken.jp/